CRIAÇÃO
visual e multimídia

Dados Internacionais de Catalogação na Publicação (CIP)
(Câmara Brasileira do Livro, SP, Brasil)

Criação visual e multimídia / João Vicente Cegato Bertomeu, (org.).
-- São Paulo : Cengage Learning, 2010.

Vários autores.
Bibliografia.
ISBN 978-85-221-0638-7

1. Comunicação 2. Comunicação visual 3. Criação (Literária, artística etc.) 4. Criatividade 5. Design 6. Design gráfico 7. Multimídia I. Bertomeu, João Vicente Cegato.

09-00910   CDD-745.4

Índices para catálogo sistemático:

1. Criação visual e multimídia : Comunicação : Artes   745.4

CRIAÇÃO
visual e multimídia

João Vicente Cegato Bertomeu (Org.)

André Costa
Cecilia Almeida Salles
Filipe Salles
Marcos Moraes
Marina Alves
Patrícia Fonseca
Paulo Cezar Barbosa Mello
Rita Maria Lino Tarcia
Rose Moraes Pan
Selma Felerico
Virgínia Pereira Cegato Bertomeu

Austrália • Brasil • Japão • Coreia • México • Cingapura • Espanha • Reino Unido • Estados Unidos

Criação Visual e Multimídia
João Vicente Cegato Bertomeu (Org.)

Gerente Editorial: Patrícia La Rosa

Editor de Desenvolvimento: Fábio Gonçalves

Supervisora de Produção Editorial: Fabiana Alencar Albuquerque

Produção Editorial: Gisele Gonçalves Bueno Quirino de Souza

Copidesque: Carlos Villarruel

Revisão: Luciane Helena Gomide e Maria Dolores D. Sierra Mata

Diagramação: Megaart Design

Capa: Souto Crescimento de Marca

© 2010 Cengage Learning Edições Ltda.

Todos os direitos reservados. Nenhuma parte deste livro poderá ser reproduzida, sejam quais forem os meios empregados, sem a permissão, por escrito, da Editora.
Aos infratores aplicam-se as sanções previstas nos artigos 102, 104, 106, 107 da Lei nº 9.610, de 19 de fevereiro de 1998.

Para informações sobre nossos produtos, entre em contato pelo telefone **0800 11 19 3.9**

Para permissão de uso de material desta obra, envie seu pedido para
direitosautorais@cengage.com

© 2010 Cengage Learning. Todos os direitos reservados.

ISBN-13: 978-85-221-0638-7
ISBN-10: 85-221-0638-X

Cengage Learning
Condomínio E-Business Park
Rua Werner Siemens, 111 – Prédio 20 – Espaço 03
Lapa de Baixo – CEP 05069-900 – São Paulo – SP
Tel.: (11) 3665-9900 Fax: 3665-9901
SAC: 0800 11 1939

Para suas soluções de curso e aprendizado, visite www.cengage.com.br

Impresso no Brasil
Printed in Brazil
1 2 3 4 11 10

Dedicatória

Ao único Criador:

"Ele fez a terra com o seu poder, e ordenou o mundo com a sua sabedoria, e estendeu os céus com o seu entendimento."

JEREMIAS 51:15

"Porque Dele e por Ele, e para Ele, são todas as coisas; glória, pois, a Ele eternamente."

ROMANOS 11:36

À minha esposa Virgínia e minha filha Luísa, com muito amor.

Sumário

Apresentação IX

01 **Capítulo UM**
Criatividade, processos de criação na comunicação e a linguagem gráfica
João Vicente Cegato Bertomeu

Capítulo DOIS
Arte e criação visual
Patrícia Fonseca
15

23 **Capítulo TRÊS**
Fotografia: arte do espaço e do tempo
Filipe Salles

Capítulo QUATRO
Cotidiano tecnologicamente criativo: internet, multimídia, hipermídia
Paulo Cezar Barbosa Mello
33

63 **Capítulo CINCO**
Direção de arte: abrangências de uma especialidade na produção audiovisual
Rose Moraes Pan e André Costa

Capítulo SEIS
Design gráfico
Virgínia Pereira Cegato Bertomeu
73

Capítulo SETE — 81
Processos de criação nas mídias e a crítica genética
Cecilia Almeida Salles

Capítulo OITO — 95
Criação: aprendizagem em foco
Rita Maria Lino Tarcia

Capítulo NOVE — 103
Planejamento de comunicação: a arte de criar
Selma Felerico

Capítulo DEZ — 113
Bases psicológicas da criação publicitária visual
Marina Alves

Capítulo ONZE — 133
Temas de arte (moderna e) contemporânea
Marcos Moraes

Anexo — 142

146 — Sobre os autores

Apresentação

Um dos aspectos mais importantes e presentes quando abordamos os processos criativos e a criação são a diversidade de conhecimentos e a ampla gama de possibilidades que envolvem essas buscas. São os pontos principais deste livro. Ao trabalhar profissionalmente com a área criativa para as mais diversas necessidades em comunicação e, tempo depois, desenvolver o assunto em algumas universidades no Brasil, um dos pontos que mais observo é a necessidade de ampliar horizontes para falarmos de criação. E quando falo em horizontes, afirmo a necessidade de estar aberto para a diversidade do conhecimento. A criação está nessa inter-relação dos conhecimentos, na associação inovadora, no encontro, na mistura que é a base da descoberta e da inovação.

Quando falamos de inovação e criatividade, podemos pensar nas necessidades de empresas e clientes no que tange às estratégias de mensagens de comunicação. Em um momento de grandes mudanças tecnológicas como o nosso e de crescente necessidade de entrar em contato com públicos que diariamente recebem comunicação das mais inovadoras, exige-se um profissional muito bem preparado e atento às mudanças e necessidades de trocas e compartilhamento de informações.

Neste livro, reuniram-se textos de profissionais e professores de diversas áreas que contribuem para uma construção criativa em comunicação. São artistas plásticos, designers, comunicadores, pedagogos, web designers, psicólogos, diretores de cinema, fotógrafos, linguistas, uma diversidade de profissionais que trazem para esta obra algumas breves discussões que envolvem o processo de construção de mensagens concernentes à criação, principalmente a criação visual.

Quanto mais procuro compreender os processos de comunicação e criação, e escrever sobre eles, profissionais criativos das mais diversas áreas colaboram e descortinam suas expressões. A contribuição deles é fundamental, sobretudo quando discutem e compartilham suas atividades, com o propósito de fazer parte da compreensão desse universo que vai se mostrando, a cada dia, mais envolvente e amplo.

As contribuições aqui reunidas fazem parte do início de muitas discussões. Os convidados compartilham aqui seus conhecimentos e pontos de vista e procuram discorrer a respeito de aspectos importantíssimos dos processos criativos visuais, e percebemos, assim, que a multidisciplinaridade do conhecimento em criação está associado diretamente ao fascinante processo de conhecer a mente e os seus processos de percepção dos receptores.

Falamos aqui de comunicação, design, imagem, ensino, pesquisa, tecnologia, e muitos outros planos de conteúdo poderiam ser abordados sem nos preocuparmos com os limites. No entanto, neste livro focalizamos nossa atenção apenas na criação visual e multimídia que, apresentadas no âmbito da comunicação, do design gráfico, da direção de arte, da fotografia, da psicologia, das artes plásticas, do ensino e da crítica genética, proporcionam um saber ainda incipiente, mas que nos estimula a uma busca ainda maior.

Trata-se de um livro desenvolvido para quem busca ampliar as possibilidades de conhecer e saber fazer criação. Como sempre acredito, a continuidade da busca está nas construções criativas que serão compartilhadas e que permitirão o desenvolvimento de novos conhecimentos.

No capítulo "Criatividade, processos de criação na comunicação e a linguagem gráfica", abordam-se alguns conceitos importantes a respeito de criatividade e da comunicação, as relações necessárias para a criação atual e as buscas dos profissionais nessa disputa constante pela percepção e construção de significados nas mentes dos receptores. Quais as especificidades da eficiência da criatividade na comunicação, quais as buscas no processo criativo e a necessidade de inovação na linguagem visual gráfica.

Em "Arte e criação visual", Patrícia Fonseca relata-nos suas experiências na percepção das imagens e aponta as diferenças entre saber e observar. Lembra-se da importância dos referenciais da arte que nos prepara há mais de dois mil anos e como somos mergulhados nas construções de imagens produzidas na mídia, esquecendo-nos de referenciais mais ricos e abundantes da história visual.

Filipe Salles, em "Fotografia: arte do espaço e do tempo", discute a magia e o fascínio que as imagens exercem sobre nós. Imagens objetivas e subjetivas, estáticas e dinâmicas e algumas definições que envolvem o produzir fotográfico e suas intenções ideológicas e as responsabilidades que temos ao produzir imagens.

Um panorama da tecnologia e da criatividade é apresentado por Paulo Cezar Barbosa Mello em "Cotidiano tecnologicamente criativo: internet, multimídia, hipermídia", em que se apontam a origem e a evolução histórica das novas mídias. O autor menciona a ampliação das possibilidades dos indivíduos nesses novos meios de comunicação, da não-linearidade, das imagens e dos projetos de interface, como uma nova forma de criar e pensar a comunicação.

No texto "Direção de arte: abrangências de uma especialidade na produção audiovisual", Rose Moraes Pan e André Costa abordam questões referentes às responsabilidades e atividades do diretor de arte e apresentam um breve histórico dessa profissão. Tratam da mobilização de novos repertórios que utilizam os conteúdos dos receptores e destacam a importância dessa utilização na criação visual. Os autores reafirmam a necessidade de muitos saberes da profissão e abordam o conceito de design visual.

Já em "Design gráfico", Virgínia Pereira Cegato Bertomeu procura, brilhantemente, esclarecer as definições de design gráfico e suas justificativas observadas no que é chamado atualmente de design de comunicação, reafirmando as necessidades do domínio de disciplinas as mais variadas para o desenvolvimento e a criação de um produto diferenciado.

A professora Cecilia Almeida Salles, em "Processos de criação nas mídias e a crítica genética", apresenta os estudos de processos criativos que tiveram seu ponto de partida na crítica genética. Discute alguns pontos dessa metodologia e fala dos esboços e do papel do crítico genético.

Para reforçar a necessidade da diversidade de conhecimento na criação, Rita Maria Lino Tarcia aborda em "Criação: aprendizagem em foco" a importância da multimídia no processo de aprendizagem que propicia, entre outros aspectos, um papel diferenciado ao ato criativo.

Selma Felerico, em "Planejamento de comunicação: a arte de criar", apresenta o olhar criativo do planejador de comunicação e suas percepções e análises das ferramentas de comunicação em tempos de mudanças tecnológicas, um desafio para as empresas e os profissionais de comunicação.

Em "Bases psicológicas da criação publicitária visual", Marina Alves afirma: "pode-se considerar o processo criativo como imbuído de conteúdos orgânicos e emocionais, tendo como ponto de partida a percepção em caráter neuropsicológico". A autora aborda questões pertinentes à imagem do mundo e às suas construções, com base em variáveis pessoais e exclusivas do indivíduo, além de outros aspectos importantes na criatividade, como emoção e psicologia.

Marcos Moraes em "Temas de arte (moderna e) contemporânea" escreve sobre a quantidade de tendências, propostas, movimentos, manifestos, grupos, ações e artistas que atuam e produzem, de forma mais radical a partir do início do século XX até os nossos dias, para indicar essa diversidade e complexidade de propostas artísticas experimentadas e vivenciadas.

Diante dessa exposição de assuntos e temas muito bem elaborados e de extrema necessidade para a área da criação visual, fica aqui meu agradecimento sincero a todos os convidados que aceitaram participar deste trabalho e que, cabe ressaltar, são profissionais que estiveram e ainda estão comigo em diversos projetos de ensino e pesquisas nos processos criativos.

Uma das mais verdadeiras maneiras de expressarmos que fazemos parte de um trabalho que deu muito certo é a concretização deste livro. Ele bem expressa o que devemos fazer na busca do melhor processo criativo: compartilharmos. Foi o que fizemos durante o tempo de nosso trabalho coletivo e reafirmamos isso aqui. É importante dizer que, ao trabalhar com os profissionais que aqui escrevem, o mais importante foi perceber o quanto eles contribuíram para nossas atividades de criação e como todos aprenderam também com o olhar do outro. Espero que você, leitor, consiga perceber o descortinar que a troca de conhecimentos pode fazer por cada um de nós. Fica aqui esta expressiva exposição de aspectos e abordagens de parte de nossos conhecimentos. Obrigado pelos olhares aguçados de todos vocês e pela parceria nesse tempo de jornada, a qual, além de generosa, foi muito criativa.

Boa leitura e, por que não dizer, boa criação!

João Vicente Cegato Bertomeu

CRIATIVIDADE, PROCESSOS DE CRIAÇÃO NA COMUNICAÇÃO E A LINGUAGEM GRÁFICA

João Vicente Cegato Bertomeu

CAPÍTULO

UM

CRIATIVIDADE NA
COMUNICAÇÃO: OUSADIA,
CONTEÚDO/FORMA E
PROCESSO

**CONHECIMENTO: A BAGAGEM
DA VIAGEM CRIATIVA**

A EQUIPE NO PROCESSO CRIATIVO

PROCESSO DE CRIAÇÃO NA COMUNICAÇÃO OU
PROCESSO DE CRIAÇÃO DO DESIGN GRÁFICO?

Introdução

Um dos propósitos deste capítulo é levantar algumas discussões e sinalizar quais são os parâmetros necessários para comprovar a eficiência da criatividade na comunicação, qual é o propósito do processo de criação nessas ações de comunicação e, para concluir, como analisamos as inovações das linguagens envolvidas no desenvolvimento dos códigos da comunicação, aqui especificamente a linguagem visual gráfica.

Muito se discute a respeito de criatividade, criação e processos criativos principalmente na comunicação. É muito importante retomarmos as definições que envolvem esses termos e de que forma podemos compreender as características de uma ação de comunicação criativa e qual deve ser a busca do profissional envolvido nessas questões.

A maior necessidade de se desenvolverem projetos de comunicação com alto grau criativo é cada dia mais a grande exposição do público a uma enorme quantidade de mensagens de comunicação.

A heterogeneidade do mercado exige que a comunicação seja cada vez mais segmentada e focada a mensagens que anteriormente se colocavam em um mercado homogêneo com a comunicação de massa. A cada dia, a percepção do público é disputada pelos mais variados tipos de comunicação. Diariamente, são inúmeras mensagens das mais variadas formas e em alta frequência disputando a atenção e a retenção seletiva dos receptores. A busca pelo ousado e inusitado na comunicação torna-se, a cada dia, uma guerra que incomoda os criativos mais experientes do mercado da comunicação. Entre tantas questões interdisciplinares que envolvem o processo de comunicação, o conhecimento do processo de percepção, os mecanismos da atenção e da memória, as especificidades das linguagens, os canais de comunicação envolvidos e tantas outras informações e áreas do conhecimento são fundamentais nesse processo.

Quando questionamos sobre a definição da criatividade, as respostas são conceituações que muitas vezes não correspondem ao real, mas fazem parte do senso comum: "Criatividade está ligada à produção artística ou é um dom divino." "O exercício de criatividade é privilégio de poucos, apenas os escolhidos." "Tem a ver com a imaginação, a fantasia." "É algo que, de repente, a pessoa que é criativa recebe como lampejo e depois desaparece." "É fazer algo diferente do que já conhecemos." "É uma atividade que somente pessoas muito fora dos padrões convencionais conseguem desenvolver, pois não estão comprometidas com o sistema em que vive a maioria dos indivíduos."

As definições que cercam a criatividade são muito amplas. No entanto, a principal definição de criatividade é: a emergência de um produto ou uma ideia nova, algo original e único e que responde a determinada necessidade. É um produto que, além de inovador, atende a uma função específica.

> _Algo é criativo porque, além de surpreender, resolve o que precisa solucionar.

Por isso, as pessoas conhecem em parte a definição da criatividade. Parte da criatividade é o desenvolvimento de algo novo que exige nossa imaginação e fantasia. Parte é desbloquear nossas mentes das visões convencionais a que estamos submetidos diariamente. Parte é arriscar-se num caminho em que não temos a certeza de que é o mais adequado e sensato. Parte dela é uma ideia súbita que, quando analisada com calma, consegue solucionar nossa busca. E para sermos criativos ou desenvolvermos a criatividade, precisamos trabalhar com todas as afirmações que fizemos até agora.

> _Quando precisamos criar algo novo, provavelmente vamos para o que ainda é desconhecido.

Como posso ir atrás de algo que ainda nem sei como é? E se não sei como é, como posso ter a certeza de que é aquilo mesmo que precisava encontrar?

Essas questões serão respondidas no amplo processo de criação. Buscar o novo é um desafio. Aventurar-se nessa busca muitas vezes é um caminho solitário. Uma busca que os corajosos escolhem enfrentar. É uma busca vaga, mas que apresenta um rumo. Criar não é criar sem um propósito. Não é criar livremente e de qualquer maneira. É criar sabendo que existe um propósito, mas o produto da criação ainda é desconhecido. Sabemos que a criatividade é definida como um produto novo e apropriado a uma dada situação. Isso implica estarmos atentos para não considerarmos algo criativo como inconvencional ou inusitado apenas, o produto criativo deve também solucionar uma determinada situação a que se propõe.

> _Buscando ainda mais uma sintetização conceitual, a criatividade é a arte de solucionar problemas.

Ao abrirmos as definições que cercam a complexidade da criatividade, sem sombra de dúvidas deparamos com respostas que envolvem estudos multidisciplinares, porque para estudá-la precisamos estudar nossa mente. E, até hoje, apesar do muito que se sabe, temos respostas pouco expressivas que revelam o mistério do pensamento criativo e a maneira como produzimos grandes ideias. Há autores que desvendaram algumas informações muito expressivas com contribuições de áreas as mais diversificadas possíveis – arte, psicologia, neurologia, crítica genética, linguagem, entre outras. Quantas questões complexas ainda continuam sem respostas sobre nosso pensamento criativo.

Uma das informações comprovadas e também a que considero prioritária sobre a atividade criadora surge com FREUD quando afirma que

> o CRIAR é sempre precedido de uma angústia originada de um conflito no inconsciente, e que, mais tarde, o inconsciente busca produzir uma solução para esse conflito.

Se essa solução é contemplada pelo consciente, temos um comportamento criador. A pessoa criativa normalmente está perturbada e frustrada com uma situação que não consegue manobrar, o que significa que o pensamento criativo se inicia com a percepção de um problema e quando a solução se mostra incompleta. Depois de perceber o problema globalmente e verificar as linhas de tensão, o pensamento busca solucionar a questão, restaurando a harmonia do todo com a esperada solução criativa. A solução criativa é a liberação de energias necessárias para solucionar aquela angústia.

Se não há a perturbação após a percepção do problema e a real insatisfação do indivíduo para a solução, provavelmente a busca pela criação solucionadora não existirá.

Se não há a angústia precedente, não existirá estímulo para a criação.

Além de impostas pelas circunstâncias, essas situações geradoras de insatisfações podem também ser cultivadas de forma consciente, especificamente na solução de problemas de comunicação.

Criatividade na comunicação: ousadia, conteúdo/forma e processo

Quando, por exemplo, abordamos o produto criativo na comunicação ou mesmo falamos em criação, automaticamente somos remetidos a pensarmos na propaganda como a área da comunicação que deve priorizar a criatividade como cerne de suas atividades. De forma um tanto exclusiva, discutimos como a comunicação publicitária pode nos surpreender de forma sempre renovada e incansável.

A busca pelo criativo em comunicação sempre esteve diretamente ligada à propaganda e evidenciada nela, como se propaganda e criatividade fossem conceitos integrados e considerados sinônimos. É claro que o propósito da propaganda é manter a ousadia para a comunicação diferenciada de mensagens mercadológicas, que são – na maioria das vezes – conceituações muito parecidas, principalmente quando a comunicação busca os aspectos racionais de consumo. O crescimento diversificado de infinidades de produtos concorrentes e semelhantes exige cada vez mais da comunicação publicitária a transformação de mensagens e conceitos idênticos em campanhas que sejam altamente criativas, que apresentem de forma ousada conceitos idênticos: o melhor design do carro, a cerveja mais gostosa, o sabão que deixa mais branco, entre outros.

A busca por um produto criativo, que era muito evidenciado na publicidade, e o desafio para lidar com ele passam a ser cada vez mais necessários em diversas ferramentas de comunicação, como em relações públicas, promoção de vendas, marketing direto, merchandising, merchandising editorial, entre outros, com ações que se utilizam de: intranet, *house organs*, publicações especiais, jornais murais, boletins, campanhas de relacionamento e tantas outras formas de desenvolver projetos de comunicação que disputam a atenção e retenção seletivas de públicos a cada dia, bombardeados por incontáveis estímulos de comunicação.

No processo de criação para a comunicação, buscamos, na maioria das vezes, desenvolver soluções para problemas que, em geral, representam o desafio de tornar inovadoras as mensagens e sua compreensão na recepção desses públicos. E um novo problema surge, a competitividade acirrada e intensa de milhares de ações de comunicação que esses públicos recebem. Além de buscarmos desenvolver ferramentas de comunicação diferenciadas, precisamos pensar nas soluções das questões conceituais atreladas à ousadia da forma, aliadas aos conceitos – também ousados –, que norteiam os profissionais da comunicação.

Isso quer dizer que, além de precisarmos definir conceitualmente o que queremos dizer a determinado público, esse algo a dizer deve PRIORIZAR A OUSADIA em vários pontos no processo de comunicação: no contexto, no canal, no código e no significado.

Não basta que o comunicador busque a ousadia em apenas um dos aspectos da comunicação, mas que diferencie todo o processo de comunicação a ser buscado.

Deve-se ousar no que se pretende dizer, na forma de dizer, dentro de um contexto diferenciado e utilizando um veículo de comunicação inesperado. Dentro da disputa acirrada pela percepção do público hoje, sem sombra de dúvida, ele está muito mais propenso a conhecer uma infinidade de formas ousadas e surpreendentes do que anos atrás. A cada novo dia, novas alternativas criativas em comunicação exigem surpreender o público, e então a busca criativa é intensificada e ininterrupta.

Além da ação de comunicação e do conceito, a forma deve também ser altamente criativa em seu desenvolvimento. Isso porque a atenção seletiva, que já era muito disputada, entra no nível da disputa incontável pela briga da atenção do público. Está comprovado que recebemos aproximadamente 1.200 mensagens de comunicação por dia e que conseguimos reter apenas 80 delas, algo em torno de 7%, um porcentual muito pequeno em meio a essa infinidade de mensagens.

Na briga pela percepção, o desequilíbrio do produto criativo começa a acontecer. Muitas peças de comunicação que não atingem seus objetivos – apesar de serem muito criativas — se perdem na busca da criatividade. Essa é uma questão sempre presente quando se aborda a ousadia de um produto criativo e sua eficiência em comunicação.

> Ousada na forma mas não no conteúdo? Ousada demais na forma, mas com um conteúdo que não é absorvido? Conteúdo muito ousado e fraco na forma da apresentação?

Entre os profissionais de propaganda, discutem-se muito questões referentes ao produto criativo e à sua eficiência. Muitas vezes, a forma criativa da criação publicitária é mais forte que sua eficiência, e o caráter criativo é sempre colocado em questão. Alguns profissionais consideram dificílimo encontrar essa integração; outros, por sua vez, acreditam que é altamente viável integrar criatividade e eficiência da comunicação. Pois é aí que está o desafio de quem trabalha com comunicação. Estar atento a todas as etapas do processo de comunicação para que a mensagem seja compartilhada conforme o objetivo esperado.

Retomando a definição de criatividade abordada anteriormente, se o produto de comunicação criativo não solucionar as questões propostas, por mais criativos que sejam a forma, o conceito e a linguagem, se não houver o resultado proposto pela ação, ela deixa o aspecto primordial que distingue um produto criativo de outro: a solução proposta ou a comunicação pretendida.

E por que são tão discutidas as questões da eficiência de peças de comunicação altamente criativas?

Quando se trabalha com comunicação, é fundamental reconhecer o papel do publicitário em dizer as coisas para as pessoas. Encontrar ideias originais para dizer essas coisas para as pessoas é o desafio dos comunicadores em geral, não se trata apenas de uma exigência de parte desses profissionais, mas uma busca dos bons profissionais.

No processo de comunicação, há as definições já conhecidas de emissão, recepção, contexto, canal, código, significado, entre outras. Para conseguirmos desenvolver uma ação de comunicação que seja considerada criativa, temos que atentar a diversas sobreposições de soluções criativas:

- Como transmitir a informação de forma diferenciada?
- Como utilizar a linguagem de forma ousada?
- Se a mensagem não deve ser convencional, como vou transformá-la de forma coerente e inusitada?
- Qual é o meio mais adequado?

Como base nesses questionamentos, podemos perceber a sobreposição dos diferentes aspectos de uma mesma formulação para um único trabalho de comunicação.

Não seria apenas responder a questões simples como: "O quê?", "Para quem?", "Quando?", "De que forma?" e "Onde?".

O profissional deve estar atento às formas de responder a essas questões de forma a antecipar as buscas criativas dentro do universo do público e da mensagem a ser comunicada, entre outros aspectos.

Ao desenvolvermos ou analisarmos um briefing de criação para a comunicação, uma das maiores dificuldades dos profissionais é fazer que esse documento de processo se torne um facilitador da criação da ação ou da peça de comunicação.

Lembramos que o briefing de criação é um sintetizador de informações. É um balizador. Reúne informações que procuram direcionar, nortear e selecionar o conteúdo de uma mensagem de comunicação. A existência do briefing não garante uma criação bem desenvolvida, mas é a busca pela definição clara daquilo que precisa ser comunicado, caso contrário ele não será um facilitador do processo de criação. Ele não pode ser apenas um documento que contenha os principais pontos importantes de uma futura ação de comunicação. Ele precisa direcionar uma equipe de profissionais de comunicação para uma estratégia que defina, de forma impactante, todos os pontos que envolvem o processo da comunicação.

Definir o discurso de uma forma intuitiva é muito mais complexo atualmente, já que a exposição de mensagens ao público sofre crescimento e intensidade diariamente.

O briefing de criação é um documento fundamental e extremamente importante na criação. Ele precisa ser objetivo e sintético e definir a prioridade da comunicação.

Esse documento deve ser criado por profissionais diferentes dos da equipe e destinado a estes; é fundamental que ele seja organizado, claro e objetivo. Se o objetivo de comunicação desse documento for claro, ele será um facilitador fundamental no processo de criação. Criação da mensagem, da linguagem, do veículo e do contexto.

Desde a definição da ação, passando pelas definições da mensagem diferenciada até as características de texto e da forma, a busca criativa deve ser indagada em todas as etapas desses processos, caso contrário teremos um produto pouco diferenciado que provavelmente não atenderá ao papel criativo completo na ousadia e eficiência, cumpridor da solução que se propõe resolver.

A angústia que rege a busca criativa é o intenso questionamento em todas as etapas do processo.

Quanto maior for o número de questões relevantes, apresentadas pela equipe de comunicadores, maior será a aproximação de uma solução coerente e eficiente de um produto criativo.

Elaborar um briefing que responda às questões necessárias para um bom desenvolvimento de um processo de comunicação com uma abordagem criativa é o que tem diferenciado algumas empresas e alguns profissionais que sobressaem no cenário de desenvolvimento de produtos de comunicação criativos.

Quando se analisam alguns profissionais que atuam nessa área, a diversidade de formatos de briefings de criação é imensa. Mas ao compararmos briefings de produtos de comunicação evidentemente destacados pela criatividade, nota-se que esses documentos apresentam buscas e informações comuns.

Entre tantas formatações, é preciso saber identificar exatamente o que irá ser comunicado e aonde precisa chegar a ação/produto de comunicação. É antecipar a mente do receptor nessas questões. Trazer para o processo criativo as grandes questões que atendam à atenção e recepção seletiva do público.

O bom **briefing** é o início adequado para o processo de criação. É o que levanta questionamentos que, ao serem respondidos, serão os direcionadores de ações e produtos de comunicação altamente criativos.

Esses questionamentos incessantes no processo são reforçados pelo mito do *insight* criativo. Alguns profissionais não se consideram criativos por acreditarem que esse *insight* nunca os visitou e que toda a solução criativa acontece como num passe de mágica, para poucos privilegiados. Puro engano.

Sabe-se hoje que o *insight* é uma resposta mental a questionamentos que desenvolvemos internamente e não privilégio de mentes despreocupadas com as buscas criativas.

Não há *insights* sem questionamentos anteriores, e encontrá-los não é privilégio de poucos, mas uma resposta mental a profissionais que estão em constante busca de respostas mais adequadas às soluções que precisam encontrar.

> _Sem sombra de dúvidas, um questionador mais envolvido e intenso gerará respostas ou *insights* muito mais evidenciados e um amplo grau de complexidade criativa._

Este é um dos muitos esclarecimentos que podemos encontrar a respeito da busca da criatividade.

Uma das questões pertinentes e essenciais também sobre o que apontamos até aqui auxilia-nos a esclarecer um outro ponto fundamental ao perfil criativo.

Conhecimento: a bagagem da viagem criativa

Para desenvolver uma peça criativa, é FUNDAMENTAL que o profissional tenha TOTAL DOMÍNIO DE SUA ÁREA DE ATUAÇÃO. Além de querer se envolver com a criação, o profissional deve SABER FAZER. Ter amplo e total domínio das questões que envolvem sua área de atuação.

Estudos comprovam que as pessoas que se destacaram em suas produções criativas eram muito bem preparadas e com amplo domínio técnico e de conhecimento em suas áreas de atuação. Fica evidente que o criativo em comunicação, além de saber o que faz, precisa saber fazer. Ele deve conhecer sua linguagem de atuação. Em nosso exemplo, ele deve dominar e conhecer a fundo as etapas do processo de criação, produção e desenvolvimento de ações e peças de comunicação.

Somente após o domínio do conhecimento da área de atuação, é que se pode evoluir na busca por novas soluções e interpretações do que é criativo. Para ousar, é imprescindível conhecer uma grande parte do que já foi desenvolvido na especificidade que se pretende diferenciar.

Dominar o conhecimento específico é um facilitador para a flexibilidade do pensamento criativo. ROMPER COM O PENSAMENTO TRADICIONAL a partir de tudo o que já foi desenvolvido é uma das bases fortes para o pensamento cognitivo e a criação. Flexibilidade é a possibilidade de mudar de alguma forma, mudar a utilização de algo, mudar o significado de uma interpretação, mudar a direção de um pensamento, mudar a estratégia de desenvolver uma atividade. É quando se pode listar uma série de utilizações para um determinado objeto. Quanto maiores a listagem e as diferenciações de categorias dessas utilizações, maior será a flexibilidade observada. Flexibilidade pode ser compreendida como o rompimento de um padrão de pensamento e adoção de uma postura que seja capaz de visualizar sob vários enfoques o mesmo problema.

Além da flexibilidade, há outras características como fluência e originalidade. Por fluência, podemos entender a quantidade de respostas produzidas para uma determinada atividade ou questionamento. É a habilidade de gerar um grande número de ideias num curto período. A originalidade está relacionada à possibilidade de produzir uma resposta incomum e rara. Algo que nunca foi conhecido para o que foi proposto. Algo novo.

Além dessas características cognitivas, algumas outras referentes ao perfil criativo já foram pesquisadas e identificadas. Os estudiosos chegaram a resultados comuns e listaram algumas características, como: espontaneidade, interesses não-convencionais, intuição, alto grau de originalidade, tolerância à desordem, persistência, pensamento independente, abertura a fantasias e utilização da imaginação, abertura a experiências e curiosidade.

> _Na análise de ações criativas em comunicação para a busca de produtos criativos, o pleno conhecimento do que já foi realizado pode ajudar a encontrar a novidade dentro da mesma busca na comunicação._

Para a flexibilidade, a análise de produtos de comunicação de empresas e ações de comunicação concorrentes é um dos caminhos estratégicos para uma busca criativa muito mais expressiva.

A equipe no **processo criativo**

Na diversidade de áreas da comunicação, temos de diferenciar a busca de um profissional de planejamento de comunicação estratégica e a busca, por exemplo, de um designer de comunicação, um profissional de mídia, um diretor de arte, *layoutman*, web designer, editor de arte. São domínios de conhecimento e busca diferentes que devem se completar, ou melhor, ser complementares.

Estrategicamente, temos numa ação de comunicação uma busca que atrela o conteúdo e a forma. O que vamos dizer precisa estar muito integrado à forma do que vamos dizer, e muitas vezes essas integrações resultam em ações de comunicação que não alcançam o resultado esperado.

O planejador de comunicação precisa dominar também a análise da forma da comunicação, pois assim os objetivos estratégicos serão plenamente atingidos.

O responsável pela comunicação deve identificar esses papéis diferentes no universo da comunicação e compreender com clareza que o trabalho do conteúdo e da forma deve ser bem analisado e trabalhado de forma integrada com comunicadores que dominem sua área de atuação: designers e planejadores. É importante que um conheça e domine a área de atuação do outro.

Hoje, saber abordar as formas do design é tão imprescindível quanto saber abordar a estratégia da comunicação.

Mais do que nunca, a forma tem tanta força no público quanto o conteúdo, cada um dentro do seu respectivo processo de recepção da comunicação.

Processo de criação na **comunicação** ou processo de criação do design gráfico?

Quanto à forma da mensagem, frequentemente encontramos peças gráficas de comunicação que apresentam problemas em seus aspectos visuais e de comunicação.

É muito importante ressaltar que, em muitos briefings de criação, vários elementos textuais destinados ao público receptor serão transformados e transmitidos em peças impressas por meio da linguagem visual gráfica, por exemplo. O texto, a fotografia, a cor, a forma tipográfica, a distribuição dos elementos da página, o tipo de papel e alguns outros elementos estrategicamente criados numa sobreposição e em entrelaçamentos de linguagens devem despertar a percepção e retenção da respectiva mensagem.

Quando falamos em design, ou melhor, design gráfico, de imediato remetemos à interpretação do desenho gráfico ou à forma dos elementos gráficos utilizados. É bom lembrar que design significa projeto, desenvolvimento de projeto, em nosso caso aqui, projeto gráfico. E na análise processual de desenvolvimento de projeto gráfico, não podemos nos esquecer do projeto de desenvolvimento da comunicação. Teremos, assim, o processo criativo para dois projetos que devem ser muito bem identificados e estrategicamente desenvolvidos: o processo de criação na comunicação e o de criação do projeto gráfico, ou o de criação do design gráfico.

Uma das características diferenciadoras desses processos criativos é o entendimento e a busca de apenas um processo de criação em que deveríamos nos preocupar com duas buscas diferentes e simultâneas: comunicação e design. Conteúdo e forma.

Dominar as linguagens da comunicação e as linguagens interpretativas do design é fundamental para o resultado satisfatório das ações criativas em comunicação.

No processo de criação que busca mensagens mais persuasivas, deve-se ir a fundo nessas questões e etapas do processo de criação e análise do desenvolvimento de algumas características da criação específica para a comunicação e para o desenvolvimento do design.

Dominar o conhecimento das especificidades que fazem parte de uma linguagem, em nossa análise, a visual gráfica, é fundamental tanto para quem desenvolve como para aquele que contrata esse tipo de serviço. Mesmo nas especificidades da linguagem, não podemos esquecer as interpretações que os elementos da linguagem visual recebem com as modificações dos tipos de mídia: jornais, tabloides, revistas, internet, intranet, cartazes, murais, entre outros.

A história do design gráfico sempre esteve associada à produção da escrita. Sempre esteve perto dos impressores com o objetivo de tornar mais agradável visualmente as peças gráficas. O design gráfico sempre esteve ligado aos profissionais de comunicação no que se refere às suas ideias, e os designers são fundamentais no processo de transmissão dessas ideias. No processo de codificar informações e ideias, os comunicadores utilizam padrões, estilos e sequências, que são, ao mesmo tempo, convencionais e também muito atuais para atrair a atenção do público. É nesse meio que acontece o design gráfico.

> _Os profissionais de criação da comunicação não são meramente artistas, são seres criativos que se apropriam das artes e da linguagem e criam a articulação e o engendramento das linguagens para atender às necessidades das mensagens da comunicação. A criação atende assim a objetivos muito bem definidos e buscados pelas estratégias de comunicação.

A ideia de interpretação da peça impressa é mais importante que a decodificação ou a recepção dessa ideia. O designer, mais que um profissional responsável pelo aspecto estético, deve se preocupar com o aspecto da comunicação. Trata-se de um processo de articulação de signos visuais que tem como objetivo produzir uma mensagem levando em conta seus aspectos informativos, estéticos e persuasivos.

Encontramos o **design gráfico** em todo o lugar onde há palavras e imagens.

Por isso, não é apenas uma profissão, mas um modo de tratamento, um meio de comunicação utilizado em vários níveis da cultura e em vários graus de complexidade. A aparência visual de um produto gráfico desenvolveu-se ainda mais com a ascensão dos meios de massa depois da metade do século XIX, com as tecnologias das artes gráficas aprimorando o trabalho do designer gráfico que acompanha o grande desenvolvimento das novas mídias.

Para não ficarmos somente nas análises das mídias, hoje os produtos de consumo, em sua maioria, não são criados apenas para oferecer qualidade e durabilidade, é fundamental que eles sejam identificados pelo consumidor por meio do reflexo do seu jeito de ser e de pensar. Antes a forma era o final do processo da produção industrial, agora ela é responsável por transformar o mundo dos consumidores num mundo especial. Em inúmeros segmentos, os produtos ficaram muito semelhantes. Diferenciar-se e chamar a atenção exige um excelente trabalho de design.

> Os designers destacam-se na categoria dos profissionais criativos. Vivemos numa época em que a estética se tornou prioridade, reforçada por uma confluência entre tecnologia e cultura.

O que antes era final do processo, hoje é início. A forma do produto deve ser pensada com a intenção de agradar visualmente o consumidor antes mesmo de a embalagem ser projetada. A filosofia visual de nosso cotidiano desenvolve redes de interpretação de mensagens que se entrelaçam nos seguintes aspectos: forma do produto, forma e visual da embalagem, logomarcas, propaganda, comunicação interna, ambientes de trabalho, sites, brindes, entre milhares de outros elementos que se utilizam do design para comunicar significações. Por meio da linguagem visual, a comunicação torna-se mais eficiente.

Os primeiros designers tinham como objetivo transformar os produtos novos em produtos agradáveis ao olhar; depois, buscou-se a funcionalidade atrelada à forma. Hoje a beleza passou a ser uma prioridade do consumidor. De acordo com muitos estudiosos, o consumidor almeja o belo, a aparência e o design na cultura e também na comunicação, o que reflete uma mudança cultural. Esse reflexo foi acentuado em grande parte pela indústria que sempre procurou desenvolver produtos que se diferenciassem esteticamente. Hoje, muito do sucesso ou fracasso de empresas, produtos e profissionais está ligado à imagem. Esse cuidado estético não está ligado apenas a uma elite social ou artística nem atrelado a uma idéia de refinamento. Esse apelo está presente em todas as coisas e em todos os lugares e está mais acessível a uma grande parte da população. Podemos observar esse refinamento das imagens no cinema, nos cartazes, na TV, na internet, em capas de CD, em escritórios, restaurantes, shopping centers, talão de cheques, cartões de crédito, entre milhares de elementos que fazem parte de nosso cotidiano. Essa nova ordem visual já não pode ser considerada um elemento de ornamento, mas de construção de discursos que, independentemente das palavras e imagens, constroem significados visuais que fazem parte da comunicação diária do público. Para competir com todo esse desenvolvimento, é fundamental o trabalho da rede de construção criativa que se refere à estratégia adequada entre os processos de comunicação e criação.

Deve-se compreender que a criatividade num produto de comunicação precisa encontrar diferenciais em todos os processos que fazem parte de sua construção e que o discurso atual, em sua predominância visual, exige um conhecimento muito específico para desenvolvermos trabalhos diferenciados, que resultem em produtos de comunicação ousados e muito eficientes.

Referências

ALENCAR, E. M. L. S. de. *A gerência da criatividade*. São Paulo: Makron Books, 1996.

ALENCAR, E. M. L. S. de. *Criatividade*. Brasília: Editora da UnB, 1995.

ALENCAR, E. M. L. S. de. *Psicologia da criatividade*. Porto Alegre: Artes médicas, 1986.

BARRETO, R. M. *Criatividade em propaganda*. São Paulo: Summus, 1982.

BARRETO, R. M. *Criatividade no trabalho e na vida*. São Paulo: Summus, 1997.

BERTOMEU, J. V. C. *Criação na propaganda impressa*. 3. ed. São Paulo: Thomson, 2007.

BERTOMEU, J. V. C. *Criação na redação publicitária*. São Paulo: Autor, 2007.

DUAILIBI, R.; SIMONSEN, H. *Criatividade e marketing*. São Paulo: McGraw Hill, 1993.

GOLEMAN, D. *O espírito criativo*. 8. ed. São Paulo: Cultrix, 2000.

JOANNIS, H. *O processo de criação publicitária*. Lisboa: Cetop, 1998.

KENELLER, G. F. *Arte e ciência da criatividade*. São Paulo: Ibrasa, 1972.

LADEIRA, J. de G. *Criação de propaganda*. São Paulo: Global, 1996.

OSTROWER, F. *A sensibilidade do intelecto*. Rio de Janeiro: Campus, 1998.

OSTROWER, F. *Acasos e criação artística*. 3. ed. Rio de Janeiro: Ed. Campus, 1995.

OSTROWER, F. *Criatividade e processo de criação*. 7. ed. Petrópolis: Vozes, 1987.

RANDAZZO, S. *Criação de mitos na publicidade*. Rio de Janeiro: Rocco, 2007.

SALLES, C. A. *Crítica genética*: Uma introdução. São Paulo: Educ, 1992.

SALLES, C. A. *Gesto inacabado*: Processo de criação artística. São Paulo: Annablume, 1998.

SHUMAN, S. G. *A fonte da imaginação*. São Paulo: Siciliano, 1994.

ARTE E CRIAÇÃO VISUAL

Patrícia Fonseca

CAPÍTULO

DOIS

A LEITURA DA IMAGEM

ARTE E IMAGEM

NOVOS TEMPOS, REAÇÕES ANTIGAS

> *"Quanta beleza na arte, desde que possamos reter o que vimos. Jamais ficamos então deserdados, nem verdadeiramente solitários, jamais sós."*
>
> (Vincent van Gogh, em carta ao irmão Theo, 15 de novembro de 1878)

Introdução

Quando eu tinha doze anos, o *Escriba sentado* (provavelmente da quarta dinastia, 2620-2500 a.C., Museu do Louvre) me fez companhia durante um tempinho. Estava lá, nas páginas sobre o Egito do meu livro de história da 6ª série, ilustrando um texto sobre a sociedade e a economia egípcia. A legenda que acompanhava o texto era de ordem puramente técnica. O escriba apenas ilustrava uma das muitas profissões existentes na sociedade egípcia antiga. Pouco tempo depois, quando estava com dezessete anos, reencontrei-o, mas de uma maneira tão inesperada e poética, que desde então ele virou uma espécie de amigo íntimo distante, daqueles que você fica anos sem ter notícias, sem se falar. No entanto, quando há o reencontro, tem-se a sensação de que se passaram apenas alguns dias, e não tanto tempo.

Eu estava morando na França e, naquele momento, visitava o Museu do Louvre. Perdida na ala egípcia, entro em uma sala pequena, de janelas imensas, e dou de cara com ele. Na foto em preto-e-branco do meu livro de história da 6ª série não dava para perceber que os olhos dele eram de vidro. E naquele dia de sol de outono francês, esses olhos refletiam a janela em frente, que passava uma luz suave.

Também nunca tinha percebido que a expressão dele era tão serena, tão tranquila. Ele parecia vivo dentro da redoma de vidro. Fitava aquela janela como se através dela, em um outro tempo, alguém lhe ditasse um texto importante.

O *Escriba sentado* foi meu primeiro sinal de reconhecimento de terreno em um país estranho. Recém-chegada à cidade, encontrá-lo de maneira tão casual foi um sinal de que eu não estava em terras tão estranhas assim.

A leitura da imagem

Em *Lendo imagens*, Alberto Manguel (2001) fala-nos de como traduzimos uma pintura em termos de nossa própria experiência. Por mais que sigamos coordenadas dadas pelo museu, onde a obra está exposta, pelo texto que a explica, por mais que tenhamos dados sobre a época em que ela foi feita e sobre seu autor, o que fica de concreto para nós sobre a obra é a nossa experiência em relação a ela:

> *Conforme* **Bacon** *sugeriu, infelizmente (ou felizmente), só podemos ver aquilo que, em algum feitio ou forma, nós já vimos antes.*

Só podemos ver coisas para as quais já possuímos imagens identificáveis, assim como só podemos ler em uma língua cuja sintaxe, gramática ou vocabulário já conhecemos.

(Manguel, 2001)

Naquela tarde no Louvre, o *Escriba sentado* captou a minha atenção em especial não por sua qualidade artística ou por sua importância histórica, mas pelas lembranças pessoais que a escultura me trouxe.

Quando começamos a estudar história da arte, a nossa sensação em relação às obras, não percebemos, é de estranhamento ou de reconhecimento: vai depender de nossas experiências anteriores. Mesmo nosso processo pessoal de ARTIFICAÇÃO dos objetos depende das referências que carregamos. Por exemplo, não estranhamos entrar em um museu e depararmos com uma mostra de objetos utilitários, porque provavelmente nos lembram dos *ready-mades* de Marcel Duchamp (1887-1968).

> **Um dos grandes papéis da arte é nos fazer ver, levar-nos a prestar atenção àquilo que nos cerca.**

Lembro-me até hoje de uma aula de história da arte na época da faculdade, em que o professor explicava as *decolagen*s de Mimmo Rotella (1918-2006) e as comparava a velhos *outdoors* rasgados: desde esse dia, *todo outdoor* rasgado virou para mim uma reminiscência do trabalho de Rotella, a tal ponto que chego a preferir *outdoors* sujos e rasgados àqueles que estampam uma publicidade qualquer. Rasgados, eles são para mim uma intenção de uma obra de arte que está por acontecer, prontos eles são geralmente uma decepção estética.

Arte e imagem

Gabamo-nos de viver em um mundo que se explica por imagens, onde impera a antítese da "lei de Sprite": sede não é nada, imagem é tudo (para quem já esqueceu: o refrigerante Sprite lançou uma propaganda, há alguns anos, que tentava quebrar essa cultura do fascínio pelas imagens em que vivemos. O *slogan* "Imagem não é nada, sede é tudo" tentava se estabelecer como postura a ser seguida pelos jovens. O refrigerante está aí, mas o *slogan* se provou furado, mesmo porque a própria cultura das imagens é uma cultura que hipnotiza principalmente o público jovem).

Imersos em tanta informação visual, tornamo-nos cegos, analfabetos visuais incapazes de perceber imagens além daquelas que são divulgadas e consagradas pela mídia. Estamos sendo educados visualmente há mais de dois mil anos, nosso padrão de beleza é ainda aquele estabelecido pelos escultores gregos, mas temos preguiça de enxergar: preferimos olhar as imagens que nos são jogadas por meio da TV, revistas e sites.

E como a arte pode nos educar visualmente? Voltemos aos gregos. Fídias (*c.* 493-430 a.C.) e outros escultores e arquitetos gregos estabeleceram os cânones clássicos de proporção da figura humana e da arquitetura. Esses cânones foram postos de lado durante o período medieval, mas voltam a ser a referência a ser seguida pelos artistas durante o período renascentista. Os ideais gregos de equilíbrio, harmonia e proporção estabelecem o padrão da arte dos séculos XV e XVI. Além disso, é a escultura grega que estabelece os parâmetros da beleza masculina e feminina na arte ocidental. Daí as barrigas-tanquinho do filme norte-americano *300*, dirigido por Zack Snyder, um exagero visual desta nossa ÉPOCA DE BELEZA PÓS-PHOTOSHOP. Grande parte da história da arte posterior ao período renascentista vai ser um embate entre quebrar ou seguir esses padrões. Os artistas barrocos, por exemplo, quebram as regras da Renascença ao trabalharem o caráter emotivo das obras. Comparemos dois Davids conhecidos, apesar de um ser mais famoso: o *David* de Michelangelo (*c.* 1501-1504) e o *David* de Bernini (1623-1624). O de Michelangelo (1475-1564) praticamente nos faz esquecer a história bíblica à qual ele se refere, o embate entre David e o gigante Golias. O David de Michelangelo, apesar de segurar uma maça à altura do ombro direito, é altivo e sereno: seu rosto é o ideal grego de beleza, livre de emoção. Ele olha para o nada, posa tranquilo, com o corpo em equilíbrio perfeito. Cá para nós, dá para imaginar alguém prestes a entrar em uma luta com um gigante naquela pose? O de Gianlorenzo Bernini (1598-1680), ao contrário, é emoção e tormento puro. Cenho franzido, o olhar fixa raivoso um alvo próximo, maior que ele. Sua boca está tensa, o cabelo desalinhado, a mão firme segura a pedra prestes a ser lançada: ele é inteiro tensão e emoção pura.

O estilo barroco quebrou a harmonia e o equilíbrio renascentistas ao introduzir em suas obras uma tensão inexistente na arte de Leonardo da Vinci, Rafael Sanzio, Botticelli e outros. O uso das composições baseadas em diagonais, o contraste intenso de luz e sombra dos quadros, todos esses elementos introduzem uma teatralidade desconhecida dos padrões da arte dos dois séculos anteriores.

Novos tempos, reações antigas

Spencer Tunick (1967) é um fotógrafo cujo trabalho atual consiste em fotografar pessoas nuas em ruas, parques, cidades, campo. Quando se veem suas fotos, não há como não se lembrar de *Almoço na relva* (1863) e *Olympia* (1865), ambas de Édouard Manet (1832-1883). Além da semelhança de tratamento do tema (o nu), o incrível é que as fotos de Tunick despertam hoje a mesma controvérsia, a mesma ira e indignação que os quadros de Manet despertaram há quase 150 anos. Tunick é chamado de oportunista e exibicionista. Suas fotos, no entanto, são desprovidas de qualquer apelo erótico ou pornográfico. São corpos nus retratados em vielas, no meio de uma rua feia, em frente a uma vendinha de bairro ou em uma paisagem campestre absolutamente desprovida de graça. E o valor de seu trabalho está justamente aí:

> **introduzir** o estranho, o inesperado, em uma cena aparentemente cotidiana e, a partir dela, nos fazer ver, enxergar outras possibilidades.

Tunick foi convidado a apresentar seu trabalho na 25ª Bienal de São Paulo, em 2002. Lembro-me da reação indignada de um aluno ao ver suas fotos na Bienal, considerava-as indignas de estarem em uma exposição de arte, pois considerava-as pornográficas. Perguntei onde ele via pornografia na foto, e ele respondeu: "Professora, não sei. Mas veja estas pessoas nuas. Uma delas poderia ser minha mãe, minha avó". Bingo! Entendida a mensagem.

> Estamos tão acostumados a ver corpos nus irreais em revistas, websites, TV e cinemas que nos esquecemos de olhar para nós mesmos. É a idealização grega levada ao extremo. Corpos magros, malhados, botocados, lipoaspirados, depilados, com dentes, pele e cabelos perfeitos.

Quando eu era criança, achava que os gregos antigos eram lindos; afinal, para mim todos deviam ser como aquelas esculturas que eu via nos livros. Tunick nos devolve o nosso incômodo com nossas imperfeições. Suas fotos são o nosso espelho diário, às vezes cruel: lá estamos gordos ou magros em excesso, pele flácida, rugas, celulite, desproporcionais.

A incompreensão dos franceses em relação ao *Almoço na relva* foi semelhante ao incômodo que as fotos de Tunick causam hoje: como entender aquela mulher nua junto a dois homens vestidos em um parque? Sim, mulheres nuas sempre foram uma constante na arte, mas não daquele jeito. Não sem nenhuma referência àquelas a que o público estava acostumado, como uma menção a alguma divindade grega. Aquele quadro não dava pista nenhuma: os moços estavam vestidos com roupas contemporâneas à época em que o quadro foi pintado, a cena não retratava nenhuma história da mitologia grega, a moça despida não dava pistas de ser uma deusa. Não estavam lá postos em algum canto o arco e a flecha de Diana, por exemplo. Nem mesmo um espelhinho de Vênus. Aquela cena retratada era banal demais, contemporânea demais. E se a cena era contemporânea demais, meu Deus, o que significava aquela moça nua ali no meio? Aliás, o que *realmente* significava aquela cena toda? E por que aquele quadro era tão "mal pintado"?

Manet tentou se redimir do escândalo pintando *Olympia*, dois anos depois. *Olympia* era claramente um quadro sobre uma cortesã, mas isso não devia ser problema, afinal cortesãs costumavam ser retratadas em pinturas. Mas, de novo, não daquele jeito.

*Alguns dos críticos em 1865 estavam seguros de que Olympia de **Manet** era uma prostituta e disseram isso com todas as letras. Não havia nada de particularmente notável em tal afirmação: naquela década tratava-se de uma tática crítica estabelecida detectar a* courtisane *[cortesã] contemporânea, burguesa até, sob pele de uma Vênus ou de uma Frinéia (...).*

(Clarke, 2004)

Bem, de semelhante a Vênus e a *Olympia* de Manet **não tinham nada, exceto a nudez**. *Olympia* encarava **desafiadora** o espectador do quadro, e não parecia demonstrar o mínimo arrependimento por sua profissão. Com *Olympia* Manet consegue causar um escândalo maior do que com *Almoço na relva*, e sua reputação como "o pintor de *Olympia*" nunca vai ser totalmente esquecida (Clarke, 2004). Talvez daqui um tempo Spencer Tunick se livre da pecha de "aquele cara que fotografa gente pelada", mas seu trabalho já tem o mérito de ampliar nossos escassos limites visuais.

Voltando **ao título**

E o que a criação visual tem a aprender com a arte, enfim?

*A **apurar o olhar**. A saber ver e observar.*
*A criar um **espírito crítico**.*

E, finalmente: a melhorar esse nosso pobre cotidiano de imagens vazias.

Referências

CLARKE, T. J. *A pintura da vida moderna*: Paris na arte de Manet e seus seguidores. Trad. José Geraldo Couto. São Paulo: Companhia das Letras, 2004.

MANGUEL, A. *Lendo imagens*. Trad. Rubens Figueiredo, Rosaura Eichemberg e Claudia Strauch. São Paulo: Companhia das Letras, 2000.

VAN GOGH, V. *Cartas a Théo*. Trad. Pierre Ruprecht. Porto Alegre: L&PM, 2002.

Bibliografia sugerida para quem quer começar a estudar arte...

ARGAN, G. C. *A arte moderna*. São Paulo: Companhia das Letras, 1992.

DEMPSEY, A. *Estilos, escolas e movimentos*: Guia enciclopédico da arte moderna. Trad. Carlos Eugênio Marcondes de Moura. São Paulo: Cosac & Naify, 2003.

GOMBRICH, E. H. *A história da arte*. Trad. Álvaro Cabral. Rio de Janeiro: Zahar, 1985.

NUNES, B. *Introdução à filosofia da arte*. São Paulo: Ática, 2001.

...e para quem quer saber um pouquinho mais

FRIEDRICH, O. *Olympia*: Paris no tempo dos Impressionistas. Trad. Hildegard Feist. São Paulo: Companhia das Letras, 1993.

FRY, R. *Visão e forma*. Trad. Cláudio Marcondes. São Paulo: Cosac & Naify, 2002.

SCHAPIRO, M. *Impressionismo*. Trad. Ana Luiza Dantas Borges. São Paulo: Cosac & Naify, 2002.

FOTOGRAFIA: ARTE DO

Filipe Salles

CAPÍTULO

TRÊS

ESPAÇO E DO TEMPO

Sempre foi natural do homem procurar o registro puro e simples dos acontecimentos à sua volta. As pinturas rupestres das cavernas pré-históricas, os primeiros registros visuais, as tentativas de escrita e as inscrições hieroglíficas do antigo Egito e de imediações são testemunhos dessa necessidade, desde os tempos mais remotos. Uma vez dominada a técnica do registro por meio do desenho, o homem passou então a desenvolver uma dimensão estética desses registros que não fosse apenas a simples representação de algo, mas que traduzisse a ideia do belo, do aprazível, da harmonia. Essa dimensão estética da representação foi denominada "arte".

Pode-se, portanto, considerar razoável que há muito tempo o homem busca imitar suas ações em simulacros, uma necessidade que pode ser sociocultural ou religiosa. E, por vezes, ambas, pois na Antiguidade, em muitas sociedades, não havia dissociação entre a vida social e a vida espiritual. Esse foi o primeiro conceito de estética, pois a busca pelo belo e perfeito representava a busca pela própria divindade. Posteriormente, muitos ritos e símbolos desse conhecimento milenar foram se perdendo, e a representação passou a ser, para a maioria das pessoas, apenas uma curiosidade histórica, um elo de uma corrente no desenvolvimento cronológico da arte, ou ainda a depositária de certas tradições, única forma de mantê-las vivas. Atualmente, só temos conhecimento da existência desses rituais e de uma simbologia antiga por meio de suas reproduções visuais.

Isso não se dá por mera coincidência. Diversos estudos recentes sobre psicologia, especialmente sua ramificação visual (*Gestalt*), apontam de maneira contundente para o potencial sintético que encerram certas imagens, ou seja, modelos e símbolos visuais são capazes de armazenar uma grande quantidade de informação em pouco espaço. Exemplo disso é a escrita ideográfica oriental, em especial a chinesa e a japonesa. Existem ideogramas básicos que encerram determinados significados, e um sem-número de outros ideogramas pode ser formado a partir da superposição de dois ou mais significados, depositando em um único símbolo um determinado conhecimento. É uma escrita sensível, cuja inteligibilidade depende da sensibilidade em interpretar combinações simbólicas. A nós parece coisa de outro mundo, mas há milênios que a escrita oriental é praticada dessa maneira. De mesma estrutura parece ser constituído o sonho que, segundo Freud e mais tarde Jung, são traduções simbólicas de imagens inconscientes, podendo uma imagem arquetípica traduzir a psiquê de um indivíduo.

Um único símbolo visual é, portanto, capaz de armazenar um conhecimento muito grande, que tomaria um enorme tempo e espaço se fosse guardado e transmitido por palavras (poderia vir daí o dito popular "Uma imagem vale mil palavras"?).

*De qualquer maneira, não há como negar o fascínio que a imagem exerce sobre nós, um maravilhamento que vai da simples constatação de verossimilhança até a admiração estética mais profunda, um canal de **transmissão de conhecimento**, emoções e ideias. Onde reside essa magia?*

Os gregos foram, sem dúvida, os primeiros a teorizarem sobre a natureza da representação artística, seu valor e sua utilidade. Pitágoras, por exemplo, via na música a manifestação artística da matemática, sendo a música uma ramificação da aritmética, e a própria matemática uma arte.

Um dos primeiros estudos registrados sobre a qualidade dos simulacros, bem como sua função estética, política, social e religiosa, foi enunciado pelo filósofo grego Aristóteles (384-322 a.C.) em uma obra denominada *Poética*. Embora tenha como ponto de partida a análise da tragédia, é sabido que, para o homem grego, a arte poética não era limitada, como é hoje, à literatura. Pois poeta, do grego *poietes*, significa "aquele que faz", e a poética, *poiesis*, capacidade criadora. Assim, todo o poeta era um artesão que criava, fazia, e sua área de atuação abrangia diversas instâncias do conhecimento, desde o artesanato até a música, a pintura, as artes dramáticas e literárias. Mas, para adentrar a esfera estética, ser chamado "artista" (tal como hoje conhecemos) era preciso mais: era preciso *sentir*. Daí o termo *estética*, que vem do grego *aisthesis*, sentir. Aristóteles via na poética (que para os gregos subentendia a manifestação dramática, literária e poética propriamente dita) a mímese da sociedade.

Quanto à imagem, Platão (428-7–348-7 a.C.) deu-nos os princípios básicos, válidos até hoje, do comportamento estético ante as artes visuais que atualmente inclui a fotografia e o cinema.

Para Platão, existem dois tipos de imagem: uma objetiva, detectada por nossos sentidos da consciência, e outra subjetiva, advinda de uma ideia, de um pensamento. A necessidade dessa subdivisão entre o mundo real e o das ideias partiu da premissa de que tudo o que existe no mundo real é fruto do mundo das ideias. Embora os atributos filosóficos dessa concepção do mundo natural sejam deveras complexos e necessitem de um estudo específico para tal, podemos nos fixar, para fins do presente estudo, nas artes, da qual a fotografia faz parte.[1] No campo da arte, é bastante claro que toda a produção artística provém de uma ideia e é manifestada no objeto de arte pelo artesão competente para tal. A ideia, portanto, antecede a realidade estética, e nela se situa a matriz criadora de toda e qualquer manifestação

---

[1] A colocação da fotografia como arte não foi simples; muita teoria estética foi posta em discussão até que tenha havido um consenso sobre sua natureza artística.

artística. A importância desse conhecimento para nossa finalidade faz-se evidente quando temos de produzir ou entender uma obra de espírito artístico, pois só conseguimos chegar a algum resultado na compreensão ou produção de uma obra se tentarmos detectar e interagir com essa matriz. A colocação em evidência dessa pequena gota, tirada do oceano platônico de conhecimento, é importantíssima na medida em que as artes são geralmente classificadas e observadas segundo sua forma, e não sua essência, e é justamente nesse âmago negligenciado que encontramos sua razão de existência.

Platão, entretanto, não pára suas reflexões nesse ponto; temos também a advertência sobre a ilusão das imagens que fez, pouco antes, em sua *República*. Esse poder da imitação (mimese), ou até melhor, da imitação estilizada, estética, foi estudado não só pelo próprio Platão (mestre de Aristóteles), mas também, depois, por todos os demais filósofos que se dedicaram de alguma forma à arte e à sua essência.

O partido nazista alemão, o soviete supremo e o Exército americano se utilizaram largamente de propaganda cinematográfica durante seus conflitos exteriores e interiores, só para citar alguns exemplos extremos. Mas, se nos detivermos em uma análise mais abrangente, não há nenhuma imagem produzida no mundo que não contenha algum tipo de intenção ideológica. Evidentemente, não podemos nos esquecer de que a imagem em si não é boa nem ruim, nós é que a revestimos de significado, e daí é sempre bom recordar a responsabilidade que temos ao produzir imagens.

Isso tudo é apenas um breve panegírico que nos introduz na questão da imagem: é ela que parece exercer maior fascínio sobre as pessoas, tanto na fotografia e no cinema como nas demais artes visuais pictóricas.

Do ponto de vista da fotografia, sua expressão na sociedade humana como um todo é eminente tanto como registro documental quanto artístico. Tal fato está provavelmente ligado, filosoficamente, ao mundo de ideias perfeitas que todos, consciente ou inconscientemente, buscamos,

> _Bem ou mal utilizada, a imagem artística, quer estática (como na pintura ou fotografia), quer dinâmica (como no teatro ou cinema), é uma arma capaz de alterar hábitos, costumes, opiniões e modos de vida de muitos, simultaneamente; sem dúvida, uma poderosa arma política e ideológica.

o mundo platônico. A fotografia seria o simulacro mais próximo dessa ideia de representação visual que gera verossimilhança direta com o objeto fotografado. Da mesma maneira, é o cinema o simulacro mais próximo, considerando o movimento, a dinâmica das ações humanas, o qual, de certa forma, cumpre na mesma medida a função que a tragédia grega exerce sobre sua época. No entanto, essa constatação não pode ser entendida em seu sentido mais raso, uma vez que a fotografia como registro é usada apenas pela facilidade de apreender um assunto sem precisar do tempo que um artista teria para fazer a mesma coisa; e em sua dimensão artística, a pintura, o desenho, a litografia e diversas outras artes gráficas poderiam facilmente suprir suas necessidades. Vem então a questão: para que serve a fotografia?

As questões sobre a significação da fotografia têm tomado um longo e precioso espaço na mente de diversos intelectuais contemporâneos, alguns comprometidos com a essência desse suporte, outros com suas possibilidades de significação, outros ainda com os usos e costumes que advêm dessa técnica e como ela se desenvolveu ao longo de sua existência. Por vezes, todos esses caminhos se entrecruzam e causam uma grande confusão nos sentidos intelectuais, levando o leitor interessado em uma possível análise sobre a razão de existência da fotografia a dar com a cara na porta.

Dos teóricos que falaram sobre a fotografia, como Roland Barthes, Susan Sontag, Walter Benjamin, Vilém Flusser e Philipe Dubois, nenhum chega a considerar a fotografia uma das possibilidades de vazão da ideia de reprodução da natureza visível tanto quanto a pintura ou qualquer outra arte visual. A insistência em tentar definir ou conceituar a fotografia pela forma com a qual ela se apresenta é sempre infrutífera nesse ponto de vista, pois a forma é sempre uma maneira de viabilizar harmonicamente uma ideia. E a ideia da fotografia é a mesma da pintura, a necessidade de reprodução da natureza,[2] cuja raiz é eminentemente platônica. Mas há, como forma, realmente uma diferença marcante que faz da fotografia um suporte realmente *sui generis* em relação a todas as outras artes visuais: o tempo.

Tanto a pintura como a fotografia representam ideias da natureza, concretas ou abstratas, mas o tempo de maturação e realização de uma obra pictórica é demasiado grande para permitir um registro temporal isento de licenças poéticas. A grande dificuldade da pintura do ponto de vista estritamente histórico é justamente este: seus registros não são referências exatas. E nesse ponto, ainda que não seja um registro igualmente idôneo, a fotografia supre a necessidade humana da representação visual pelo eixo dimensional do tempo (é interessante notar que apenas com a fotografia é que o cinema, tecnicamente, foi plenamente desenvolvido).

A fotografia age assim ao capturar a luz diretamente da reflexão dos objetos e apreendê-la na emulsão, coisa que a pintura faz por meio do filtro técnico do traço de cada artista.

---

2 Natureza, nesse contexto, não é limitada às formas visíveis encontradas mundo afora, é, antes, o arcabouço de imagens infinitas que podemos ver ou mesmo criar a partir da mente, já que a imaginação também é natural.

Entra aí uma espécie de fascinação mítica da fotografia em relação à pintura, que, de qualquer forma, é também ilusória, pois a fotografia também está direcionada segundo o olhar do fotógrafo. Desse modo, é em vão qualquer tentativa de comparar ambos os suportes por esse viés, uma vez que nosso próprio olhar é diferente em cada indivíduo.

Não se deve, no entanto, confundir a essência, ou razão de existência de uma coisa, com sua manifestação física, pois há mais de uma manifestação possível para um mesmo arquétipo, como atestam produções artísticas de diferentes formas (música, teatro, cinema, literatura) feitas sobre um mesmo tema.

Por essa razão, a grande diferença que se deve destacar com relação à maneira como a fotografia atua sobre nossa civilização é que ela exerce o fascínio de apreender um tempo. E isso não é mera força de expressão, pois, mesmo inconscientemente, temos um latente conhecimento de nossas limitações físicas em só perceber o tempo em uma direção, e a memória é nossa grande aliada para estabelecermos comparações entre diferentes atitudes de tempos diferentes e aprendermos com nossas experiências. Assim, congelar o tempo parece que tem sido uma função paralela no decorrer da história das artes visuais. O instantâneo fotográfico chegou ao século XIX como uma resposta a essas aspirações, e, desde seu início, essa questão promoveu enormes divergências sobre a natureza estética da fotografia. Como expressão visual, a fotografia tem uma essência pictórica e, como representação social, uma essência inédita, justamente a de congelar o tempo. Ambas as funções são contempladas igualmente na fotografia e se apresentam sempre em conjunto, mas caberá ao fotógrafo a decisão de que aspecto privilegiar na sua significação última.

*Nesse sentido, apesar das mais diferentes correntes estéticas que os movimentos artísticos exploraram no suporte fotográfico, sobram duas essenciais, pelo aspecto que privilegiam, que chamaremos, na falta de nome mais apropriado, de **pictorialismo** e de **fotojornalismo**.*

Essas correntes, que poderíamos atualmente chamar de estilos ou até gêneros, têm ambos os aspectos, tempo e espaço, em comum, mas trabalharam de formas diferentes esse potencial.

O primeiro é o movimento do qual participam todos os fotógrafos que procuram, a exemplo da pintura, representar a natureza de maneira atemporal. Tradicionalmente, é chamado pictorialismo a fotografia que tende a imitar a pintura, reproduzindo seus modelos clássicos, mas aqui é evidente que se trata de uma acepção incompleta, uma vez que a pintura não se resume a modelos clássicos e também a fotografia tem direito de explorar as potencialidades de seu suporte. Portanto, devemos considerar pictorialistas as fotografias que, apesar de instantâneas, não têm nenhum vínculo expressivo com o tempo em que foram registradas. Do lado oposto, temos justamente a fotografia que explora esta específica virtude do suporte, o congelar do tempo, que é tradicionalmente conhecida como a fotografia documental ou ainda fotojornalismo, o "momento decisivo" de que nos fala Cartier-Bresson. Essa função, por vezes, confunde os teóricos que admitem apenas essa capacidade na fotografia, colocando uma faceta da forma como sua própria essência. Daí decorrem críticas severas ao pictorialismo. Especificamente no Brasil, tivemos o curioso resultado desse embate em uma evidente propensão à tradição fotojornalística, relegando todos os fotógrafos de aspirações pictorialistas ao ostracismo. No entanto, como a fotografia é uma expressão visual, ela compartilha de todas as regras de harmonia e arquitetura como qualquer outra arte visual, o que deixa uma lacuna em argumentações contrárias ou favoráveis a essas correntes.

Mesmo historicamente a fotografia nunca foi tratada especificamente por um ou outro aspecto, sempre houve fotógrafos interessados no registro cronológico e aqueles interessados em uma fotografia atemporal, e apenas o embate teórico entre críticos e intelectuais é que promoveu uma ruptura entre tais correntes, que em essência compartilham os mesmos ideais.

Mesmo considerando a evolução tecnológica que permitiu a fotografia se tornar efetivamente instantânea (até 1870 os tempos de exposição eram superiores a um minuto), os fotógrafos de ambições pictóricas continuaram a registrar grandes paisagens, retratos e naturezas-mortas, não obstante o tempo de exposição reduzido a frações de segundo.

Podemos ilustrar isso de maneira muito característica por meio dos trabalhos de diferentes fotógrafos no decorrer dos séculos XIX e XX. Nomes como Alfred Stieglitz, Edward Steichen, Man Ray, Ansel Adams, Edward Weston e Josef Sudek são claros e típicos exemplos de fotógrafos pictorialistas, em que, apesar dos diferentes estilos de cada um, temos em comum a resultante de um trabalho atemporal, cuja apreciação não depende do conhecimento da época em que a fotografia foi tirada. Não obstante, todos eles desenvolveram técnicas avançadas e originais para reprodução de seus negativos, criando assim novos paradigmas no conceito de produção e reprodução fotográfica.

Temos ainda fotógrafos como Robert Capa, Henry Cartier-Bresson, Richard Avedon, Robert Doisneau, Alfred Eisenstaedt e nosso Sebastião Salgado, por exemplo, como representantes de uma fotografia que privilegia eminentemente a questão do tempo congelado, cujo fascínio é evidente. Esse tempo não se limita apenas ao momento específico em que a foto foi registrada (o que também não desmerece fotos dessa natureza), que seria a aplicação da fotografia no registro jornalístico em sentido *lato* e até no entretenimento das fotos turísticas. Devemos atentar para o fato de que esses fotógrafos têm também a intenção de fazer perpetuar um estado de espírito de um momento histórico genérico, de uma época, um clima, uma situação, uma ideia. Nesse quesito, conforme o momento vai se tornando mais genérico e vago, tende ao tempo infinito, e aí estamos já no domínio da fotografia pictorialista.

O mais curioso é que tanto fotojornalistas como pictorialistas têm imagens que se situam no limiar dessas duas correntes, justamente por permitirem aspectos diferentes na intenção de captar o tempo e o espaço. Quanto mais a fotografia fotojornalista busca o pictorialismo em sua forma, mais abrangente é seu tempo, cuja tendência é o próprio registro atemporal. E, inversamente, quanto mais o pictorialismo usa de atributos temporais, mais fascinante torna-se o registro. Mesmo considerando imagens específicas de uma época, como em casos extremos de guerras e conflitos, algumas dessas imagens se mantêm como ícones de uma cultura, justamente porque possuem um algo a mais que o simples registro em um momento feliz. Elas rompem a barreira do tempo e se tornam parte do inconsciente coletivo da humanidade, tal qual a pintura. Por sua vez, imagens como as de Adams, que registram em lugares inusitados fenômenos naturais (gêiseres, arco-íris, nuvens e a lua), criam em si um aspecto de tempo congelado que se une à atemporalidade de suas imagens, tornando-as tão interessantes.

Isso não é sem razão; afinal, mesmo considerando todos os seres diferentes entre si, ainda assim somos todos humanos e entendemos o mundo à nossa volta segundo padrões específicos limitados pela dimensão física e psíquica. Da mesma maneira que existem infinitas formas de conceber uma edificação do ponto de vista arquitetônico, a engenharia lida com as possibilidades físicas que devem ser observadas para que esse edifício se sustente.

O mesmo se pode dizer da imagem, apesar das infinitas ideias. A construção delas em um suporte visual tem de levar em conta a engenharia física, a possibilidade de construção.

> _É por isso que imagens, independentemente do suporte, têm aspectos em comum que regem sua natureza, como o equilíbrio, a composição de quadro, o contraste, a perspectiva; e, por esse prisma, tanto faz falar de pintura, escultura, fotografia ou desenho.

Sem dúvida, a fotografia, por sua possibilidade de explorar e brincar com o tempo, tem em si um diferencial no mínimo sedutor, o que é corroborado pela imensa popularidade dela entre usuários amadores, sem falar na desconfiança e no medo que certas culturas têm desse registro.

A fotografia é, portanto, um suporte cujas leis são as mesmas de qualquer arte visual, mas com o diferencial da possibilidade de explorar o tempo. Assim, quer o fotógrafo privilegie um ou outro aspecto, estará diante dos dois, e nenhum deles é suficiente em si para garantir uma imagem de pretensões elevadas; mas é uma arte saber harmonizar ambos.

Referências

ADAMS, A. *The negative*. Nova York: Little, Brown & Co., 1997.

ARISTÓTELES. *Poética*. São Paulo: Abril, 1973. Coleção Os Pensadores.

ARNHEIM, R. *Art and visual perception*. University of California Press, 2004.

BARTHES, R. *A câmara clara*. Lisboa: Edições 70, 2003.

BENJAMIN, W. Pequena história da fotografia. In: *Obras escolhidas.* v. 1. São Paulo: Brasiliense, 1996.

BENJAMIN, W. A obra de arte na era de sua reprodutibilidade técnica. In: *Obras escolhidas.* v. 1. São Paulo: Brasiliense, 1996.

DUBOIS, P. *O ato fotográfico*. Campinas: Papirus, 2003.

FLUSSER, V. *Filosofia da caixa preta*. São Paulo: Hucitec, 1985.

JUNG, C. G. et all. *O Homem e seus símbolos*. 5 ed. Rio de Janeiro: Nova Fronteira.

MACHADO, A. *A Ilusão especular:* Introdução à fotografia. São Paulo: Brasiliense, 1984.

PLATÃO. *A República*. São Paulo: Nova Cultural, 1999. Coleção Os Pensadores.

SONTAG, S. *On photography*. Nova York: Picador, 1977.

SUDEK, J. *Pigment prints*. Salande: O'Reilly Publishing, 2001.

COTIDIANO TECNOLOGICAMENTE CRIATIVO: INTERNET, MULTIMÍDIA, HIPERMÍDIA

Paulo Cezar Barbosa Mello

CAPÍTULO QUATRO

EVOLUÇÃO

O MEIO COMO LINGUAGEM

O SURGIMENTO DA INTERNET

FUSÃO DE LINGUAGENS

HISTÓRIA DO HIPERTEXTO

CURIOSIDADES CRONOLÓGICAS

Introdução

Messengers, SMS, torpedo, ICQ, GSM, blog, PodCast, Orkut...

novidades recentes, mas completamente ultrapassadas — até o término deste texto pelo menos. As novidades, não tão novas assim, fazem do nosso cotidiano uma eterna "insatisfação" com a posse atual. No mesmo instante em que se compra um celular novo, já é possível pensar quais serão as características do próximo, assim que terminar de pagar esse, é claro! Ou pior ainda, na hora em que realmente se habitua a mexer com um determinado software, surge a versão DT.14, mais incrementada que a atual CS.13; enfim, vive-se realmente em um momento de mudança e adaptação constantes. Com certeza isso não é nenhuma recriminação ou crítica — não se pode viver do passado, mesmo que esse passado tenha apenas cinco minutos — mas uma constatação. Felizmente ou infelizmente, caberá a você, leitor, formar a sua opinião, isso nem sempre foi assim.

As mídias têm e sempre tiveram uma importante parcela na formação do ser humano. Houve uma época em que o simples fato de se estar na mídia dava veracidade e importância a qualquer assunto! Diversos autores pregavam que a televisão acabaria com a sociedade, órgãos de defesa do consumidor surgiram para apaziguar a influência das mídias sobre as pobres vítimas. Isso não freou em nada a evolução desses meios de comunicação. A TV veio para ficar, assim como o cinema antes dela, a fotografia anteriormente e assim sucessivamente, todos muito criticados e exageradamente responsabilizados pelas mazelas do mundo. Com o surgimento da internet, todas as críticas aos malefícios da TV foram intensificadas — "Coisa do demo!". Se antes estar na mídia era sinônimo de *status* e importância, que há de se falar sobre a internet, em que qualquer mortal pode ter seu blog, ter uma média de visita diária de três milhões de pessoas e ainda interagir, na medida do possível?

A internet hoje não tem mais espaço para "aprender a mexer", mas deve se intensificar o pensar sobre ela. Como se pode criar mais e melhor? Antes a comunicação morria no comercial, ou começava ali. Hoje não existe mais esse espaço. A internet e as novas tecnologias abriram espaços e novas formas de diálogo com o telespectador. A audiência que antes parava para prestar atenção ao que era dito, hoje, contribui com o espetáculo. A interatividade tirou do anonimato o ser pensante do outro lado da tela. A internet abriu – e continua abrindo – novas formas de pensar.

A multiplicidade de estímulos que a TV proporcionou, som e imagem, foi exponencializada com os recursos multimidiáticos dos computadores. É possível agora, nos computadores do quarto, experimentar novas situações, com som, imagens, animações e texto. Uau!

Ao contrário do que se pensa, a multimídia não ficou enterrada na década de 1980 com os primeiros computadores pessoais que possuíam o incrível leitor de CD. A multimídia acompanha e faz parte de tudo que vemos hoje. A internet é uma das principais responsáveis por isso. Ela usa todos os recursos multimidiáticos como forma de ampliar a percepção da informação pelo ser humano.

Em razão das novas tecnologias que vieram com os recursos dos meios digitais, a maneira de ver o mundo atualmente desenvolve-se em diferentes formas, com diferentes objetivos, inaugurando novos modos de ver e pensar, especialmente a comunicação em si. Porém, antes de realmente pensar no hoje, devemos entender um pouco de onde veio tudo isso.

Evolução

Historicamente, o primeiro artefato humano utilizado para realizar contas foi o ábaco, com sua origem na Ásia Menor, quinhentos anos atrás, sofrendo grande diminuição na Europa, por causa da massificação do papel e da caneta.

As "engenhocas" facilitadoras da vida moderna surgem em 1642 com Blaise Pascal e sua máquina de calcular, que com o auxílio de engrenagens e motores mecânicos conseguia apenas somar. Em 1694 (52 anos depois), Leibniz consegue fazer uma máquina que multiplica, além de somar. A computação mecânica tem seu avanço lento, conseguindo apenas em 1820 realizar efetivamente as quatro operações aritméticas básicas. O surgimento dos computadores da forma como são conhecidos hoje ocorreu em 1812 com o projeto de Charles Babbage e sua busca pela "harmonia natural entre máquinas e matemática", na qual as operações matemáticas repetitivas poderiam ser desenvolvidas com mais agilidade e confiabilidade pelas máquinas do que pelos homens.

Em 1889, com o intuito de reduzir o tempo do censo demográfico nos Estados Unidos de sete anos para seis semanas, Herman Hollerith desenvolveu uma máquina que, além da agilidade conferida ao processo, instaurou a ideia de cartões perfurados como forma de armazenamento de dados. Apesar de toda evolução, a demanda de espaço para essas maravilhas mecânicas era muito grande. Em 1903, surge o conceito binário com a adoção da álgebra booleana, conceito utilizado até hoje. Mas foi apenas a partir da Segunda Guerra Mundial que o desenvolvimento dos computadores eletrônicos cresceu ainda mais. Os alemães, de um lado, desenvolveram o Z3, capaz de projetar aviões e mísseis. Do outro lado, os britânicos desenvolveram o Colossus para a decodificação das mensagens nazistas.

O marco, no entanto, fica com o Eniac (Electronic Numerical Integrator and Computer) surgido a partir da guerra fria. Seu porte era tamanho que consumia energia equivalente a um bairro inteiro da cidade da Filadélfia. Sua relevância está na falta de propósito único. Ele era muito mais abrangente. Muito mais próximo da atualidade.

> **O salto para a modernidade e a portabilidade deu-se a partir da substituição das válvulas para os transistores, o que definitivamente alavancou a ideia do projeto atual dos computadores, compostos por uma unidade central e diversos periféricos.**

Essa "modernização" complicou um pouco mais com a necessidade de saber o que dizer ao computador para que ele realizasse as funções desejadas. Estabeleciam-se então as linguagens de máquina, algo então completamente fora dos padrões humanos. Porém, a aproximação da linguagem a algo um pouco mais palatável fez que a popularidade das máquinas se tornasse mais real. A popularização das máquinas chegou ao ápice, na década de 1980, com a invenção dos sistemas operacionais gráficos, que permitiam a execução de diferentes programas simultaneamente — os ambientes multitarefa. Essa característica permitiu uma flexibilização nos preços e tornou os computadores muito mais amigáveis.

O ambiente gráfico garantiu que o avanço tecnológico, a velocidade de processamento e a transmissão de dados fossem cada vez maiores. Isso possibilitou que os conteúdos acessíveis pelo computador não estejam mais subordinados ao textual apenas, podendo apresentar-se de inúmeras formas, mais próximas do cognitivo humano, como sons, animações e principalmente imagens. Essa realidade acontece de tal maneira que atualmente ícones, interfaces e imagens, que antes eram restritos ao computador, estão cada vez mais presentes nas experiências cotidianas.

A expansão dos computadores e suas características fizeram que não só os recursos físicos (*hardware*) crescessem, mas também a variedade dos dados gerados.

Essa inovação cria novas necessidades na comunicação. O computador diminuiu a distância entre as pessoas. Criou-se uma rede mundial de modo que o homem passa a ter diferentes necessidades. O termo virtual passa a ter uma outra conotação. Esta é a base do uso das redes de computadores, a internet.

A sociedade migra suas percepções para a nova realidade. Até a década de 1970, o computador era tido como vilão, pois substituiria o homem — pode-se ver isso ainda hoje em filmes da década de 1970 e mesmo em críticas cartunescas, como *Os Jetsons*. Atualmente, a palavra de ordem passa a ser "interage" com o homem. Críticas severas contra a tecnologia seguiram e perseguiram aqueles que ousavam compactuar com tamanha heresia, atualmente é justamente o contrário: é esperado que a tecnologia faça parte do trabalho.

Diante das novas percepções, o homem passou a integrar cada vez mais a facilidade gerada pela máquina com seus afazeres mais comezinhos. O homem social, ser limitado pelas características do individualismo, vale-se dessa "novidade" e expande seu territorialismo.

> *O computador* deixa de ser um mero aparato, ou simplesmente uma mídia, e passa a ser mais um "ambiente", uma extensão do homem.

Esse novo ambiente é repleto de informações, ações e estímulos, onde

> o que importa de fato é a *comunicação*, a expressividade.

A digitalidade moderna, o intenso uso e, até certo ponto, a dependência do computador quebraram ao mesmo tempo que criaram novos paradigmas. A ideia da rede mundial gerou novas possibilidades, inclusive pessoais e particulares. O conhecimento e a experiência nesse novo lugar/sítio/site revelam o mimetismo do homem em suas criações. A necessidade de que a máquina pense e seja mais próxima do ser humano criou novos processos e modelos mentais com desenvolvimento contínuo, constante, baseada na psicologia cognitiva e na própria ergonomia humana.

O ambiente digital no qual o homem hoje transita é muito próximo às reações humanas. Um ambiente onde o termo virtual ganha vida e forma, pois a informação é constante, tudo é informação. Os mapas mentais, até então restritos à capacidade humana, extrapolam seus limites e tornam-se parte do ambiente. A restrição do pensamento linear, já confrontado pela teoria da relatividade, desaparece. O pensamento não é linear, como pode então uma representação mental ser? A multiplicidade do pensamento demanda formas diferentes de representação, exige principalmente integração e interação.

A partir da década de 1990, o homem passou a se envolver cada vez mais com os recursos tecnológicos, fazendo deles uma extensão do seu pensamento. Bem antes disso, na década de 1960, Marshall MacLuhan já havia previsto essa "aldeia global". A televisão seria esse ponto de união. A ideia da Tele-Visão não fora modificada, apenas ampliada. Som e imagem a distância, associados ao grande trunfo da interatividade. Os recursos "multimidiáticos", surgidos com o advento do computador, uniram-se ao *boom* da internet, a rede mundial, e ampliaram a percepção do homem no quesito espaço e atuação. O "receptor" passa a ser "emissor", quebrando velhos paradigmas de quem faz e quem recebe.

O meio como linguagem

A ampliação das potencialidades da atuação humana, principalmente por meio dos novos dispositivos de meios de comunicação, resultou em novas formas de conceber o pensamento. A linearidade do pensamento já não é mais uma alternativa. A leitura não está mais restrita a uma única direção, mas, sim, a múltiplas e concomitantes direções. A multimídia, utilização de vários recursos (visual e sonoro, simultâneo) dentro do novo espaço, evolui, o assunto é hipermídia, em que a preocupação é a informação percebida, não apenas recebida. Em um mesmo "ambiente" é possível expor o "receptor" às mais diversas formas de informação, pela união de diversas linguagens (escrita, visual, sonora etc.). A exposição à informação em muitos níveis de apresentação e aprofundamento privilegia outros modos de cognição que não apenas o textual. A ênfase em conceitos como a não-linearidade, a utilização de objetos visuais, confirmando a preocupação cognitiva aliada ao projeto de interface, reforça o caráter comunicacional das novas mídias.

A característica transdisciplinar dos novos meios justifica em muito o pensamento *omnidirecional*, em que o foco no ser humano é o caminho para conhecer e experimentar novas formas de comunicação. O experimental permitiu a apropriação de diferentes suportes para a comunicação, possibilitando as mais diferentes formas de leituras, compreensões e percepções, reforçando o diálogo entre o meio e a mensagem.

Os conceitos de renovação modernista impingiram, a todo comunicador, uma nova forma de pensar e fazer comunicação. Exigiram que a poética não estivesse restrita à direção de arte ou ao texto, mas principalmente ao diálogo propiciado por ela. A revolução dos suportes – mídias pós-modernas – proporcionou a expansão da percepção da informação, mudando o então telespectador passivo para a interatividade. As sensações até então proporcionadas pelos tridimensionais e pelas instalações apenas expandem-se para outras formas de representação. A interatividade passou a ser *conditio sine qua non* nas novas mídias.

A tecnologia e a contemporaneidade, em seu sentido mais que literal do termo *contemporis* – tempo atual, imediato –, da informação que se desvia da escrita para o cálculo, com a informatização das imagens e da informação, geram necessidades de representações que tendem para a presença pura. As informações já não se acumulam, sucedem-se em um fluxo acelerado. Todo o relato de uma época, referências a serem seguidas, pertence não mais aos livros, à escola e à elaboração teórica, mas aos meios de comunicação, às tecnologias. Nenhuma técnica/tecnologia substitui por completo sua antecessora, elas se complementam.

A tecnologia das máquinas e dos computadores, que antes eram uma ciência exata, para observar, medir, avaliar, registrar tudo com precisão numérica, principalmente dentro dos rigores científicos, perdeu-se nas mídias e em seus novos recursos. A cena pós-moderna é essencialmente tecnológica (leia-se cibernética, informática e diversos outros rumos tecnocratas). A tendência das releituras por meio do tecnológico permite a migração do real para o virtual, recriando ou mesmo criando uma nova realidade sobre a obra e sua percepção.

O mercado atual está saturado de profissionais estritamente técnicos – sem desmerecer ninguém, é claro –, mas é necessário um profissional que veja o espaço digital além dos zeros e uns, um designer, no sentido mais amplo da palavra, um projetista – de mente aberta. A tecnicidade/ tecnologia que a contemporaneidade nos presenteia abre espaço para questões estéticas infindáveis, novos paradigmas devem ser observados. Esse novo suporte não restringe a participação do computador como mero distribuidor de informação, mas como um provedor de conhecimento utilizado como um meio para expansão e apreciação da comunicação. O pensamento sobre essa comunicação digital incita a revisão da filosofia do conhecimento, como diz Pierre Lévy: "A estética já não está mais atrelada à técnica, mas ao meio".

O processo cognitivo nessa realidade interativa é uma nova questão a ser debatida, verificada e aproveitada. Até agora, a comunicação no meio digital é apenas representada por meio de metáforas do mundo físico como forma de comunicação visual. É fato que a semiótica trouxe muitos recursos para a comunicação e criação e que a tecnologia se apropriou sabiamente dessa situação. No entanto, esse recurso serve como "muletas" de comunicação para um sistema dialógico desconhecido.

Os conceitos visuais e comunicacionais das novas tecnologias já extrapolaram os recursos mínimos da estética, criando uma nova linguagem muito específica.

Falta, dentro desse pensamento projetual, uma nova caracterização uma representação visual e mesmo conversacional própria do meio. Não há mais a necessidade de se representar uma lata de lixo para se desfazer de algo, ou mesmo uma seta como apontador, sem mencionar diversos outros moldes.

Não é pretensão deste texto estipular novas regras, mas, sim, incitar um pensamento um pouco mais inovador, diferente dos apregoados pelas normas da usabilidade, da funcionalidade, da amigabilidade (*user-friendly*) ou qualquer outra forma de norma. O design foi lançado ao patamar de desenho em vez de projeto, de acordo com essas regras. As linguagens estabelecidas no meio digital são constantemente violadas em função da tecnicidade e das novas necessidades do meio. Há de se questionar até onde a contemporaneidade e a interatividade substituíram o design como método de comunicação e de cognição.

O surgimento da internet

O aparecimento do que se entende hoje como internet é, por convenção, muito recente. Surgiu com o advento da guerra fria – Estados Unidos *versus* antiga União Soviética – entre as décadas de 1960 e 1980. Por medo de perder informações, os Estados Unidos conectaram diversos pontos entre si via cabos subterrâneos, formando uma rede, abolindo a noção de um computador central e consequentemente frágil estrategicamente. Se a Casa Branca fosse atingida, as informações seriam imediatamente enviadas para o Pentágono. E se o mesmo acontecesse lá, instruções já estariam a salvo em qualquer outro lugar. Estratégia à prova de falhas. Em teoria. Surge então em 1969 a Advanced Research Projects Agency Network (ARPAnet), primeira rede operacional de computadores à base de intercâmbio de lotes de informação, ligando *a priori* diversos centros de pesquisas, universidades e a rede de inteligência norte-americana. Até 1975 existiam uma média de cem redes interconectadas.

No início da década de 1980, com o fim da guerra fria, a ARPAnet ganha uma nova utilidade: conectar universidades e laboratórios de pesquisa. A princípio apenas nos Estados Unidos, e mais tarde em outros países. Eis que surge o nome internet, nascendo com a proposta unicamente acadêmica e sem fins lucrativos.

Nessa época, apesar das características unicamente textuais, começou-se a perceber o potencial midiático da grande rede. Foi só no fim da década de 1980 e princípio da de 1990 que ocorreram as primeiras utilizações de imagens e hipertextos na rede, porém ainda com o foco meramente acadêmico. Foi em 1993 que o primeiro *browser* (navegador), o Mosaic, foi desenvolvido, já prevendo um pouco mais de interatividade além do hipertexto e dos formatos textuais. É a partir dessa data que a internet tem o nome de World Wide Web – teia mundial. Por meio de um protocolo padrão (Html), era possível conectar-se ao mundo todo. Em julho de 1995, vinte anos depois havia no ar mais de cinquenta mil redes interligadas. Mesmo ano em que a internet tem definitivamente seu ponto brasileiro.

Atualmente, a internet segue os mesmos protocolos, com diversas variações e melhorias, principalmente para um melhor diálogo homem-máquina, e conta com mais de quarenta mil redes descentralizadas. Esse evento é ainda hoje equiparado à revolução industrial em termos de importância e revolução na humanidade, com um agravante, ela continua em evolução.

Toda essa evolução trouxe valores que mudaram a forma de pensar e de se comunicar. A incorporação do hipertexto ao cotidiano é uma dessas mudanças. O pensamento não-linear é antigo. A associação de texto e imagens *idem*. O conteúdo da rede ficou mais atraente com a possibilidade de incorporar imagens e sons.

Em síntese, a internet é um conjunto de redes de computadores interligadas que têm em comum um conjunto de protocolos e serviços, de uma forma que os usuários conectados possam usufruir de serviços de informação e comunicação de alcance mundial.

Fusão de linguagens

É possível comunicar-se de inúmeras maneiras, sempre estimulando um ou mais dos sentidos humanos. A multimídia por meio dos recursos existentes no computador e em um ambiente hipertextual facilita essa comunicação, estimulando artificialmente os sentidos da visão, da audição, com determinados periféricos até mesmo o tato e o olfato... em breve quem sabe o paladar.

> _A hipermídia é a linguagem resultante da integração destas mídias – internet e multimídia – com algumas características muito bem definidas.

Com base em vários autores e diferentes ideias, define-se a hipermídia e as características que definem o ambiente hipermidiático, explicando os processos de comunicação existentes, assim como a intenção de provocar acessos à memória visual do usuário estimulando seus sentidos.

Segundo Lucia Santaella (2001), a hipermídia é a convergência de multimídias interativas e não-sequenciais, a fusão de signos verbais e não-verbais com o texto escrito (livros, periódicos, jornais, revistas), o audiovisual (televisão, vídeo, cinema) e a informática (computadores e programas informáticos), ou seja, representações de todas as matrizes da linguagem (matriz sonora, matriz visual, matriz verbal).

Algumas das características inerentes à hipermídia são a *multiplicidade*, a *acessibilidade*, a *conectividade* e a *interatividade*. Tais características não devem ser entendidas como etapas a serem seguidas ou itens obrigatórios de ambientes hipermidiáticos, mas como elementos próprios da sua natureza do ambiente.

A *multiplicidade* está relacionada com a possibilidade de se utilizarem diferentes estímulos para transmitir uma mensagem. Essa característica pode ser bem compreendida analisando-se a multimídia.

A multimídia é composta por mídias primárias, secundárias e terciárias. O corpo é a "mídia primária" do homem. Em comunicações cotidianas com outras pessoas, articulam-se e deciframo-se gestos, atitudes, movimentos e o deslocamento no espaço, em que cada gesto diz o que diz porque é também resultante de uma história, de interações e de interferências.

A mídia secundária é constituída por meios de comunicação que transportam a mensagem ao receptor sem que este necessite de um aparato para captar seu significado; apenas o emissor necessita de um dispositivo (ou suporte). São mídias secundárias a imagem, a escrita, o impresso, a gravura, a fotografia e seus desdobramentos, como carta, panfleto, livro, revista ou jornal. Também são mídias secundárias as máscaras, pinturas e adereços corporais, roupas, a utilização do fogo e da fumaça (incluindo os fogos de artifício e fogos cerimoniais, velas etc.), os bastões, a antiga telegrafia ótica, bandeiras, brasões e logotipos, imagens, pinturas e quadros, a escrita, o cartaz, o bilhete, o calendário, entre outros.

A mídia terciária, segundo Pross, "são os meios de comunicação que dependem de aparelhos tanto do lado do emissor quanto do lado do receptor". Aí estão a telegrafia, a telefonia, o cinema, a radiofonia, a televisão, a indústria audiovisual e seus produtos, computadores, discos, fitas magnéticas, CD, fitas de vídeos, DVD etc.

*A **evolução** das tecnologias da informação e o domínio crescente, por parte da sociedade,* *das tecnologias "multimídias", possibilitam a produção de material informacional de forma ágil, dinâmica, em grande quantidade e com infinitas possibilidades de combinações e novos significados, tornando a leitura mais rica, diversa e mais próxima do receptor.*

A *acessibilidade* trata do acesso distribuído e disseminado aos sistemas de informação que marcaram o século XX. A grande rede é o melhor exemplo de sistema de informação e ainda é dinâmica, pois permite a interação homem-máquina-homem.

A *conectividade* trata das interligações explícitas entre diferentes sistemas e abre portas para uma nova forma de narrativa baseada em estruturas segmentadas que se fundem não apenas a partir da intenção daquele que as projeta, mas principalmente dos interesses daquele que as está consultando.

A recuperação de estruturas de memorização ou diagramas para auxiliar na organização da atividade intelectual é uma forma de impor rigor, estruturando e apoiando diretamente o pensamento e o comportamento individual.

A *interatividade* é a possibilidade de fornecer *feedback* imediato, ou seja, cada ação corresponde a uma reação praticamente simultânea da máquina. A interatividade mimetiza a ação homem-homem, prevendo as múltiplas respostas e possibilidades de combinação de ações, para que assim a limitação seja ignorada e a interação decorra sem comprometimentos, possibilitando também da interação a manipulação da informação ou mesmo do ambiente.

A navegação é um ato mais próximo de caminhar e interagir com corredores, escadas, portas e objetos diversos. Recursos que complementam textos e gráficos são sons, vídeos, ferramentas de interação e, principalmente, o hipertexto, utilizados em conjunto para uma perfeita ambientação, facilitando a experiência do usuário.

A tecnologia disponibilizou o apoio técnico. Memórias de acesso aleatório e dispositivo de armazenamento não-linear possibilitam a recuperação interativa dos dados e permitem que o processo de leitura seja cumprido como um percurso definido pelo leitor-operador, em que todos os dados se apresentam de forma simultânea.

O leitor da hipermídia é um leitor ativo que utiliza uma troca, interativa e multimodal, na qual ele, a obra e o autor sofrem fortes alterações. O surgimento de novos meios tecnológicos de produção audiovisual, principalmente os eletrônicos, provoca uma influência de difícil avaliação sobre as formas de expressão tradicionais. Esses meios possuem caracteres que renovam a criação audiovisual, reformulam a visão de mundo, criam novas formas de imaginários e de discursos, ao mesmo tempo em que recodificam as imagens dos períodos anteriores. A metáfora da navegação é muito bem empregada, pois se trata realmente de navegar ao longo de um imenso mar de textos que se superpõem, se recriam e procriam.

Alguns autores definem o processo de leitura desse leitor ativo em duas etapas: a primeira é a "caçada". Procura-se uma informação precisa, que deseja obter o mais rapidamente possível. A segunda é a "pilhagem". Vagamente interessados por um assunto, mas prontos a nos desviar a qualquer instante de acordo com o clima do momento, não sabendo exatamente o que procura, mas acabando sempre por encontrar alguma coisa, de site em site, de link em link, recolhendo aqui e ali coisas de interesse.

Aproveitar a arquitetura não-linear das memórias de computador para viabilizar obras "tridimensionais", dotadas de uma estrutura dinâmica que as torne manipuláveis interativamente, é a forma combinatória, permutacional e interativa da multimídia, em que textos, sons e imagens (estáticas e em movimento) estão ligados entre si por elos probabilísticos e móveis, que podem ser configurados pelos receptores de diferentes maneiras, de modo a compor obras instáveis em quantias infinitas.

> A hipermídia é considerada um dos formatos eletrônicos mais interativos, pela intertextualidade entre a forma e o conteúdo das linguagens artísticas, antes compartimentadas como as artes plásticas, o teatro e o cinema.

A necessidade natural do ser humano de interagir, a curiosidade da criança, a vontade de tocar, a riqueza de sensações provocadas em uma experiência interativa fazem dele um interador, co-produtor de uma obra, possibilitando uma infinidade de outras obras.

Essas sensações não são de exclusividade da hipermídia. O ser humano vem, há tempos, desenvolvendo formas de expandir o próprio conhecimento por meio de recursos extras. Há de se ver um pouco mais das origens da hipermídia para tanto.

História do hipertexto – algo em comum

É importante ter em mente que os termos hipertexto e hipermídia, dada a sua proximidade, acabam por fundir-se, até mesmo confundindo suas origens. A hipermídia, de maneira muito simplista, é a junção do hipertexto com a multimídia, justificando até certo ponto essa confusão. Muito da internet nasce e se desenvolve dentro dessa evolução. Porém, muita atenção, não se deve pensar que a hipermídia seja sinônimo de internet. A internet é uma das mídias que potencializaram a hipermídia.

Hipertexto entende-se aqui como uma estrutura textual organizada e inter-relacionada por meio de itens-chave chamados de *links* ou nós. A cada *link* estabelece-se uma linha de compreensão individual, dando à leitura uma sequência não-linear.

A ideia de textos relacionando com outros ou fazendo diferentes menções a outros externos não é nova. Da Vinci é uma boa referência dessa ideia. Seus cadernos manuscritos continham as explicações e anotações todas lateralmente de modo a criar novas referências a cada leitura. Ainda confirmando a antiguidade dessa metodologia, pode-se resgatar Aldo Manúcio, o tipógrafo veneziano que inventou o estreito caractere itálico, incluindo notas de rodapé e referências textuais no próprio livro, simplificando-os. Antes das notas de rodapé, os livros eram grandes e pouco portáveis, pois eram acompanhados de todos os comentários e críticas relevantes dos diversos leitores como adendo. Benjamin, já em 1928, também demonstra a ideia da inter-relação textual, expandindo a ideia dimensional do texto no fichário.

O termo hipertexto, no entanto, é o resultado direto dos avanços, até certo ponto, tecnológicos de registro, armazenagem e circulação das informações, que permitiram algumas mudanças sobre o conceito de ler, escrever e pensar do ser humano.

É com essa visão um pouco mais aclarada sobre as mudanças conquistadas com a tecnologia que se afirma que Vannevar Bush, em 1945 com seu ensaio "As we may think", seja um dos precursores do hipertexto em suporte eletrônico, pois nesse ensaio ele apresenta a concepção do MEMory EXtension (MEMEX), um dispositivo indexador de dados que faria a consulta a determinados assuntos com base em um banco de dados próprio e microfilmados, configurando uma primeira visão para a internet que não saiu do papel.

No entanto, apesar do projeto de Bush, é apenas em 1965 que o termo hipertexto é oficialmente utilizado. Ted Nelson "cria" o termo para explicar o funcionamento de seu projeto Xanadu. O projeto em si não chega a existir, mesmo com investimentos na década de 1980 por parte da empresa de computação gráfica AutoDesk.

A concepção do termo foi ricamente explicada em seu artigo para a Association of Computing Machinery (ACM) no ensaio "Dream machines". As definições apresentadas basearam-se nas ideias de Bush (MEMEX) e dão vida, mais recentemente, à própria hipermídia.

Para explicar o conceito, Nelson descreve o uso de imagens (hipergramas), mapas (hipermapas) e até mesmo filmes interligando-se para estabelecer a informação completa. Hipertexto é então dividido em três categorias, sendo a primeira básica ou "pedaço de hipertexto" que seriam notas de rodapé e pequenas observações. O segundo "texto ampliado" que dá origem a novas ideias e novos *links*, e por fim colateral, que é a ligação simultânea de textos completos com parte de um "hiperlivro". Essas definições serviram de base para diversas outras obras na área editorial.

Estas categorias consistem em 'tudo' escrito sobre determinado assunto, ou ao menos remotamente pertinente a ele, unidos por editores (e não programadores...), no qual, pode-se ler em todas as direções que se desejar.

Pode haver caminhos alternativos para pessoas que pensem diferente.

("Ted Nelson" – qualquer semelhança à Wikipedia não é mera coincidência)

Em 1968, Douglas Engelbart desenvolveu o sistema NSL que era oficialmente o primeiro recurso tecnológico ao hipertexto, pois contava com editor de texto, editor de *links*, teleconferência, e-mail e configuração adaptável. Mas isso era apenas uma parte de seu objetivo maior, um espaço colaborativo assíncrono, e o principal: em diferentes localidades. Ele já visualizava a proposta da grande rede. O desenvolvimento do NSL foi o gancho para o desenvolvimento de interfaces gráficas e dispositivos de apontamento (mouse).

Todo o desenvolvimento desse material foi amplamente aproveitado pela Xerox, anos mais tarde (década de 1970) com seu sistema Parcs, o qual foi também influenciador dos sistemas operacionais da Apple (1977). Tal a importância desse desenvolvimento, que em 1991 a ACM concedeu a Engelbart o prêmio "Software system" em razão do NSL.

Ainda em 1968, Ted Nelson e seus pesquisadores apresentam o Sistema Editor de Hipertexto (HES) sem muito sucesso, porém esse mesmo sistema deu origem ao Sistema de Recuperação e Edição de Arquivos (Fress), que foi amplamente utilizado por mais de dez anos. Foi a partir do Fress que surge o *Intermedia* em 1987, um conjunto de aplicativos, baseados em interfaces gráficas com o objetivo de montar estruturas hipermidiáticas, pois já prevê o uso de som, imagem, hipertexto e filmes.

A década de 1970 foi um período de estudos que refletem um cotidiano incauto e acelerado ao extremo. Um bom exemplo disso é a obra (novela) *A exibição atroz*, de J. G. Ballard, que quebra todas as regras literárias, abandonando o esquema de causa e efeito da narrativa novelesca, dando ao leitor inúmeras opções para a continuidade.

O hipertexto como reflexo da velocidade da mente humana passa a ser visto em diversos lugares. Seu princípio básico, o relacionamento de ideias, é incorporado aos mais diferentes usos: além dos livros, passa a ser vivenciado em teatros, *happenings*, instalações e muito mais. A ideia do hipertexto promove a interatividade.

A partir de 1975, com o surgimento do primeiro computador pessoal, Altair, a interface gráfica e o inter-relacionamento de ideias são muito mais utilizados. Com o lançamento do Apple II em 1977, o mercado começa a se desenvolver em torno do mouse e das referências visuais. A programação não é mais o esperado ao se lidar com computadores.

Em 1979 acontece o primeiro *Ars Eletrônica* em Linz, na Áustria. O que a princípio era apenas o encontro de gênios da informática para discutir e mostrar suas criações, tornou-se hoje um dos grandes eventos do meio hipermidiático.

No meio literário, surge em 1981, na novela *True names*, o termo *cyberspace*. No entanto, é apenas em 1984 com *Neuromancer* de William Gibson que o termo ganha notoriedade. Diversos outros seguem o estilo de leitura/escrita hipertextual. Esse período garantiu a difusão do hipertexto/hipermídia fora do meio digital.

Os *Boletin Board System* (BBS) ganham adeptos a partir de 1984. As comunidades digitais tomam vulto em razão da difusão da ideia "hiper".

Em 1986, a primeira defesa de tese sobre hipertexto é defendida na Universidade de Maryland. Randall Trigg apresenta o *TEXTNET*: *A Network Based Approach to Text Handling*.

Com a difusão de computadores pessoais e o estrondoso lançamento do Macintosh em 1984, a Apple lança em 1987 o HyperCard, introduzindo de vez o conceito de hipermídia nos computadores pessoais. A princípio a multimídia cresce, sendo mais frequente nos computadores. É também em 1987 que a ACM faz a primeira Hypertext'87 na qual surgem pesquisadores como George Landow com seu ensaio "A retórica do hipertexto". Em 1992, lança o livro *Hipertexto: a convergência da teoria crítica e a tecnologia contemporânea*.

A grande rede, a internet, ganha facilidades, o BBS ganha uma interface gráfica facilitando a navegação e conquistando mais adeptos. Surge o Mosaic, em 1993, o primeiro navegador (browser). Em 1994 aparece o Netscape. A internet ganha mais e mais espaço, saindo do meio acadêmico. O hipertexto passa a ser "natural".

Em 1995, *Sócrates no labirinto*, de David Kolb, é a primeira apresentação filosófica sobre a hipermídia na hipermídia.

A partir de então, a preocupação é com o desenvolvimento de interfaces mais amigáveis, ferramentas de programação mais próximas da compreensão humana e menos codificadas, o que permite o acesso à criação de hipertextos, multimídias e hipermídias. É a "cultura da interface", de acordo com Steven Johnson, autor do livro com o mesmo nome.

A interatividade proporcionada por essa nova "cultura" é o alvo de inúmeras literaturas, criando neologismos e conceitos estéticos completamente inusitados. Como reflexo dessa preocupação, acontece em 1998 a Conferência Arte e Cultura Digital, na Universidade de Bergen, na Noruega, repetindo anualmente o encontro até hoje. Paralelamente a isso, acontece em 2000 a Conferência de San Antonio da ACM, com o maior número de ensaios e artigos sobre o assunto. Nomes como J. Y. Douglas, Bob Kendall, Jen-Hugues Réty fazem sua participação de forma significativa. Questionamentos sobre o que acontecerá com os suportes impressos pululam no meio acadêmico. Em 2003 o *print-on-demand* causa um certo alvoroço, pois a ideia de que a "internet acabará com o papel" passa a ser uma constante, como foi a fotografia com relação à pintura, como foi a televisão com relação ao cinema e como tem sido o MP3 com os CD.

Essa linha temporal não foi de forma alguma uma tentativa de registro exato sobre os acontecimentos, mas, sim, um apanhado dos eventos que marcaram a origem do hipertexto, da internet e da hipermídia.

Curiosidades cronológicas

- 367 – A festa de entrega do *Novo Testamento*: Sabe-se que a Bíblia é um apanhado de manuscritos que se entrelaçam e formam os testamentos (ver a *Bíblia Sagrada* do rei James I). A Bíblia como é conhecida hoje é dividida em três partes: o Antigo Testamento – escrituras antigas do povo hebreu –, o Novo Testamento – que reconta a vida de Jesus Cristo – e os textos apócrifos – que não entraram no Antigo Testamento em razão de dúvidas quanto à autenticidade. O Novo Testamento foi compilado por um comitê eclesiástico liderado por Santo Atanásio que, além de compilar e estabelecer relações intertextuais – Antigo e Novo Testamentos –, ainda conferiu oficialidade ao livro.

- 868 – O livro impresso *Sutra Diamante*: O primeiro livro impresso em xilografia: *Sutra Diamante*, secção das escrituras budistas, com ilustrações xilográficas, impresso por Wang-Chieh, em 11 de maio.
- 900 – O evangelho de *Lindisfarne*: A incidência das iluminuras nos manuscritos criou novas referências entre textos e imagens. O *Lindisfarne* [*Evangelho*] é uma das obras de arte sob a responsabilidade da British Library, famoso pela extrema qualidade na decoração de suas páginas. Escrito entre 710 e 720, é uma obra de arte de impressão e um documento histórico e artístico de enorme valor.
- 1440 – A Bíblia de Gutenberg é publicada.
- 1590 – Primeiro romance publicado de Edmund Spenser, *A rainha das fadas*: A caracterização de romance e não mais de novela ou épicos é o que torna essa data tão relevante. A possibilidade de múltiplos encerramentos e entendimentos que o romance permite e nos quais se pauta leva à contextualização pessoal do texto lido, oferecendo um texto que tende mais para a viagem do que para a chegada em particular.
- 1603 – O álbum *Amicorum de Klesheim*: Começo das questões de autoria. Muito comum até hoje, o livro da amizade (livro de amigos em algumas regiões) é muito mais do que simples brincadeira de estudante. A ideia nasceu na Alemanha do século XVI e tornou-se moda entre os estudantes e professores. A ideia consiste na criação de um caderno em que os amigos e interessados possam deixar suas contribuições. O melhor exemplo desse tipo de obra é do bispo Gervasius Fabricus zu Klesheim, que o começou em 1603, em Würzburg, e concluiu em 1637, como arcebispo de Salzburg.
- 1611 – A versão da *Bíblia Sagrada* do rei James I: A partir da ordem do rei James I é que houve uma tradução específica da Bíblia para o inglês. Houve então a preocupação de realmente estabelecer todas as ligações de textos entre os livros que compõem os Evangelhos.
- 1740 – Publicação da novela *Virtude recompensada* – ou *Pamela* – de Samuel Richardson: Resultado de uma época muito menos sonhadora e muito mais racional, esse épico da novela neoclássica marca o hipertexto, pois surgiu da necessidade de ensinar às jovens moças a escrever cartas, e todo o desenrolar da história dá-se por meio de cartas.
- 1760 – A publicação de *A vida e opiniões de Tristam Shandy*, de Laurence Sterne: Uma mega saga composta de nove livros, descrevendo não apenas a vida dos heróis, mas principalmente suas relações desde antes de seu nascimento. O marco dessa obra é a forma como foi escrito, sem uma linearidade constante ou mesmo uma relação fixa de espaço

narrativo. Um clássico exemplo de ficção hipertextual antes mesmo do hipertexto.

- 1787 – *Cartas originais dos arquivos da família Paston*, primeiro livro inglês publicado por meios mecânicos: As cartas e os documentos da família Paston são referências históricas da Inglaterra do século XV, em razão de sua sistematização e de sua ampla referência cruzada por todo o território saxão.
- 1790 – *O matrimônio entre o céu e o inferno*, de Willian Blake: Blake, avesso à Revolução Industrial e aos derivados do "inferno mecânico", trouxe à tona, mais uma vez, a graça da iluminura. Esse livro, também ilustrado por ele, é, segundo ele mesmo, uma fusão de estímulos – imagem e texto – para uma melhor percepção. Segundo muitos autores, é uma das possíveis antecipações ao hipertexto multimidiático.
- 1854 – *Tempos difíceis*, de Charles Dickens, é publicado: Muito mais do que um final feliz, espera-se um final em um livro. Essa obra de Charles Dickens em particular marca seu espaço na cronologia do hipertexto não pela ausência de um final, mas porque esse final exige uma atitude, uma nova forma de pensar.
- 1872 – O leiaute de teclados Qwerty é patenteado por Cristopher Sholes: O leiaute anteriormente utilizado causava problemas às pessoas realmente velozes na datilografia, pois era comum o travamento das hastes com as letras. A ideia de Sholes, a princípio, era então reduzir a velocidade da escrita, separando as letras em pares (dígrafos) para que determinadas sequências fossem mais facilmente datilografadas. É comprovado cientificamente que esse leiaute não é o mais adequado e mesmo assim permaneceu até os dias de hoje, por hábitos e costumes.
- 1892 – O romance *Notícias de lugar nenhum* é publicado pela Kelmscott Press: Mais uma vez a obra textual tem seu espaço dividido com as artes visuais. William Morris era poeta, escritor, designer e artista e um fiel defensor e até mesmo precursor das artes e dos ofícios, e conseguiu em sua própria editora imprimir e ilustrar seu próprio romance, estabelecendo uma relação hipertextual entre imagem e texto.
- 1922 – *Terra desolada* [*The waste land*], de T. S. Elliot, é publicada: Em uma constante interrogação teórica pelo destino da humanidade, Elliot cria sua primeira obra com jogos de imagens, paralelismos e correspondências. *Terra desolada* trata de temas como a metamorfose, a ambiguidade significa a eterna e constante procura. A obra é baseada no mito da busca pelo Santo Graal. Sua hipertextualidade está nas características semióticas, literárias e visuais, além de, como ele mesmo descreve a obra, em seus três pontos de vislumbre: o poeta falando para o poeta, o poeta falando para um público e o poeta ator, que se vê como um personagem dramático.
- 1925 – *Notas sobre o tablete de escrita mágico* [*A note upon the "mystic writing-pad"*], de Freud, é publicado: Nesse material, Freud começa seu discurso a respeito da percepção humana e demonstra nessa metáfora como o ser entende e utiliza seus conhecimentos adquiridos. O brinquedo de criança, onde se escreve sobre uma película, e ao se

levantar a escrita some. Freud compara essa "mágica" à compreensão humana, em que a informação continua ali, apenas não está mais visível.

- 1939 – *O despertar de Finnegan*, de James Joyce é publicado: Esse livro é considerado o exemplo da moderna literatura inglesa e apresenta todos os traços estéticos do hipertexto e suas características de inter-relacionamento de ideias em uma obra realista.
- 1945 – Vannevar Bush publica o texto *As we may think*: Vannevar Bush é considerado ainda hoje o pai da concepção da tecnologia a serviço do hipertexto. Em seu tratado *As we may think*, ele descreve o dispositivo MEMEX (MEMory EXtension), um indexador de dados que estabeleceria a consulta a determinados assuntos com base em um banco de dados próprio e microfilmados, gerando a possibilidade de expansão e atualização. A relação do pensamento com o hipertexto fica muito claro com o MEMEX.
- 1959 – *O labirinto*, de Robbe-Grillet, é publicado: Como característica básica, Robbe-Grillet é um modernista. Suas novelas são tão cheias de detalhamento que são facilmente adaptadas a outras mídias, como cinema (*Ano passado em Marienbad* [*L'année dernière à Marienbad*]) e teatro. É essa característica que coloca *Dans le labirinth* como marco na história do hipertexto, a habilidade do autor de transformar o conhecido em algo completamente inédito, por meio de objetos e referências pontuais que o texto apresenta. O raciocínio não-linear da obra é um reforço à própria novela.
- 1962 – Vladimir Nabokov publica *Pale fire*: Essa obra é considerada a precursora do pós-modernismo e o melhor exemplo da "literatura da exaustão". Os produtores e leitores de hipertextos se interessarão pela obra. Dividida em quatro seções, o leitor tentará em vão encontrar a verdade entre dois pontos de vista contidos na história, até se dar conta de que o que Nabokov fez foi construir um labirinto extremamente complexo, que estabeleceu alguns dos mecanismos formais do hipertexto hoje utilizados.
- 1962 – *Cem mil milhas de poemas*, de Raymond Queneau: Raymond Queneau escreveu *Cent mille milliards de poèmes* em que se podiam juntar os versos das estrofes para formar múltiplos sonetos, de acordo com as opções do leitor.
- 1963 – *Composição nº 1*, de Marc Saporta, é publicada: Considerada um dos clássicos da literatura francesa em razão de seu formato. Novela escrita em folhas soltas que permitem sua leitura a esmo, criando sua compreensão a partir do interesse particular do leitor. Foi escrita em 1962 e publicada e traduzida em 1963.
- 1963 – Engelbart publica *Aumentando o intelecto humano*: uma estrutura conceitual: Trabalhando com William K. English e John F. Rulifson, Engelbart cria as bases do "sistema on-line" (NLS – oN Line system), a primeira versão do que viria a ser o hipertexto. O foco principal do sistema, constituído por editores de esquemas para desenvolvimento de ideias, linkagem entre hipertextos, teleconferências, processadores de palavras, e-mail e uso de programação e configurações, era a "colaboração entre grupos distribuídos geograficamente".
- 1965 – Ted Nelson cria o termo "hipertexto": O termo "hipertexto" foi cunhado por Nelson em ensaio entregue

para a conferência anual da Association of Computing Machinery (ACM), após cinco anos testando o programa Xanadu, editor de texto que possibilitava revisão, comparação e a reescrita de forma rápida, desenvolvido por ele como projeto de conclusão de mestrado.

- 1966 – Cortázar publica *O jogo de amarelinha*: Constituído de 155 capítulos, esse livro pode ser lido da forma convencional, mas, na verdade, foi construído como um "guia de instruções", cujo objetivo é conduzir o leitor por um labirinto de hipertextos, mostrando ao final de cada capítulo qual deve ser o próximo.
- 1967 – *Literatura da exaustão*, de John Barth, é publicado: Nesse ensaio, Barth afirmou que as formas convencionais de literatura, oriundas do século XIX, já estavam esgotadas e que as inovações modernistas não poderiam continuar sendo sistematicamente ignoradas. A obra gerou polêmica e deixou uma importante reflexão a respeito da relação entre meio e mensagem: mudar o meio pode nos fazer encontrar novas mensagens, ou novas formas de reutilizar as antigas, levando-nos a repensar as tradições culturais.
- 1968 – Engelbart implementa o NLS e inventa o mouse: O desenvolvimento do "sistema on-line", cuja ênfase estava em criar um ambiente predominantemente visual em uma época em que as pessoas mal tinham contato com o computador, exigiu a criação de mecanismos que possibilitassem a manipulação desse ambiente. A solução encontrada foi o *mouse*, que possibilitou a escolha dos elementos em tela por meio de cliques sobre eles com seu cursor, a seta.
- 1968 – Hypertext Editing System (HES) é desenvolvido por Ted Nelson e Andries van Dam: Em 1968, Ted Nelson, Andries van Dam e um grupo de estudantes implementaram na Universidade Brown o Sistema de Edição de Hipertexto (Hypertext Editing System – HES). Nelson decepcionou-se e abandonou o projeto logo depois.
- 1969 – O File Retrieval and Editing System (Fress) é desenvolvido: Um ano após o abandono do Sistema de Edição de Hipertexto, um novo sistema foi implementado na Universidade Brown: o File Retrieval and Editing System (Fress). O Fress era um sistema multiusuários e foi utilizado durante cerca de dez anos. Seu objetivo era permitir que informações fossem trocadas entre os participantes. Classes inteiras poderiam escrever ao mesmo tempo em um mesmo ambiente, e cada aluno construía seu próprio espaço manipulando textos, gráficos, imagens e vídeos, conectando-os uns aos outros e disponibilizando-os para outros alunos. O programa possuía ainda um rico ambiente de navegação, com mapas e histórico.
- 1970 – *Exibição atroz* [*Atrocity exhibition*], de J. G. Ballard, é publicado: Formado por pequenas histórias, linkadas temática e estruturalmente, que retratam a desestruturação psicológica causada pela sobrecarga mental sofrida pelas pessoas na modernidade, em diferentes ambientes e situações, resultando em uma estrutura hipertextual, composta por material heterogêneo e não-sequencial.
- 1972 – Desenvolvimento do Sistema Zog: Uma equipe cujos dois principais pesquisadores eram Donald McCracken e Robert Akscyn começou a desenvolver na Carnegie-Mellon

University o Zog, um *software* administrativo destinado a aeronaves munido de manuais de procedimento.
- 1975 – Altair, o primeiro computador pessoal: Em janeiro de 1975, foi lançado Altair 8800, o primeiro computador pessoal. A sigla "PC" foi cunhada mais tarde por um de seus inventores, Stewart Brand e Ed Roberts, e em abril do mesmo ano foi aberta a empresa "Micro-Soft", que mais tarde teve sua grafia alterada. No mês de julho do mesmo ano, surgiu, em Los Angeles, a primeira loja de varejo de computadores.
- 1976 – Apple I: Steve Wozniak e Steve Jobs terminam o projeto do micro Apple I, o primeiro microcomputador feito para ser vendido em grande escala, e fundam a Apple Computer Company.
- 1977 – Apple II: Utilizando discos de inicialização (*floppy discs*), melhores do que fitas cassete, e gráficos coloridos quando ligados e um monitor de TV em cores.
- 1977 – "Computadores de mesa" linha TRS80: É lançado o Radio Shack TRS 80, classificado como "computador de mesa".
- 1978 – Aspen Movie Map: Este talvez tenha sido o primeiro sistema hipermídia. Foi desenvolvido por Andrew Lippman e colegas no grupo de arquitetura de máquinas do MIT, que atualmente junto com outros grupos formam o laboratório de mídia. O sistema é uma aplicação em turismo que permite ao usuário simular uma viagem pela cidade de Aspen, estado do Colorado, Estados Unidos, na tela do computador. Ele foi implementado por meio de um conjunto de videodiscos contendo fotografias de todas as ruas da cidade. Os filmes foram obtidos com câmeras montadas em carros que foram dirigidos através da cidade. A característica hipermídia do sistema foi obtida pelo acesso dessas fotos de uma base de dados tradicional, mas que permitia a conexão com um conjunto de outras informações. O sistema não foi uma aplicação de fato para auxiliar alguém a realizar algo. Mas ele estava muito adiante de seu tempo e foi de grande significância histórica por mostrar o caminho de aplicações futuras. Mesmo agora, passados mais de vinte anos, ele ainda é um dos mais sofisticados sistemas de hipermídia construídos.
- 1980 – A década dos micros: Os microcomputadores fazem sucesso desde o início, mas conquistaram casas, escritórios, supermercados e bancos a partir dos anos 1980. No começo de 1980, a IBM negocia com a Microsoft a construção dos PC's, que devem ser fabricados pela primeira companhia para rodar de acordo com os programas Microsoft. Em 1983, a IBM lança o PC-XT 370, com 10 megabytes de memória. A Apple anuncia o Macintosh, que é infinitamente mais simples de operar que qualquer computador existente à época; e a Microsoft apresenta o programa de interface Windows. A IBM recusa o Windows até ser obrigada a aceitá-lo para poder concorrer com o Macintosh.
- 1981 – Início do desenvolvimento do KMS: Dois dos principais pesquisadores do Zog, Donald McCracken e Robert Akscyn, formaram a Knowledge Systems em 1981 e começaram a trabalhar em um produto comercial, baseado nas pesquisas realizadas, denominado Knowledge

Management System (KMS). O KMS foi desenvolvido procurando satisfazer às necessidades dos usuários. Era uma base de dados compartilhada em um sistema muito simples, sem menus retráteis, botões, janelas, mapas de navegação ou barras de rolagem, pois "quadros" foram considerados mais eficientes. A navegação era realizada utilizando-se um *mouse* de três botões, cujo cursor mudava de acordo com o tipo de informação sobre a qual era posicionado. Importação, agrupamentos, traduções, pesquisas simples e ajuda on-line estavam disponíveis.

- 1981 – A IBM anuncia em Nova York o lançamento do PC 5150: Antecessor de todos os micros que hoje dominam o mercado mundial. Ele tinha 64 quilobytes de memória e velocidade de 4,77 megahertz.
- 1981 – *Máquina literária*, de Nelson: Após cunhar o termo hipertexto em 1942, Nelson descreveu longamente o funcionamento do Xanadu em *Máquina literária*, chamando-o de "local mágico de memória literária". Quando a edição de 1987 da obra foi lançada, o desenvolvimento do Xanadu havia ganhado impulso, e mais tarde a Xanadu Operating Company foi comprada pela Autodesk.
- 1981 – IBM PC: O primeiro PC da IBM foi chamado de XTs. Possuía monitor monocromático e apenas 640 kb de memória, que poderiam ser expandidos para 1 MB.
- 1982 – Desenvolvimento do Sistema Guide: Guide começou a ser desenvolvido por Peter Brown na University of Kent, em 1982, e inicialmente deveria ser utilizado em estações de trabalho que rodassem Unix; foi o primeiro sistema hipertexto para computadores pessoais.
- 1982 – Zog instalado no USS Carl Vinson: O Zog foi instalado nas aeronaves da empresa USS Carl Vision, em 1983, usando 28 estações de trabalho Perq em rede.
- 1983 – Enciclopédias interativas – TIES: Em 1983, Ben Scheiderman começou a desenvolver na Universidade de Maryland o "Sistema de Enciclopédia Interativa". O produto seria lançado comercialmente e suas primeiras versões aceitavam apenas texto DOS e usava cursor para navegação. As versões posteriores passaram a aceitar vídeos, sons, links, mapas de navegação e *touch-screen*, ideal para quiosques de informação.
- 1983 – Primeiro PhD em hipertexto: Em 1983, foi defendida, por Randall Trigg, na University of Maryland, a primeira tese de PhD sobre hipertexto
- 1984 – Guide Implemented Commercially by Office Workstations: Em 1986, o Guide tornou-se o primeiro sistema de hipertexto utilizado comercialmente.
- 1984 – Surge o Notecards na Xerox Parc (Palo Alto Research Center): Randall Trigg, depois de apresentar uma tese sobre hipertexto em 1983, foi trabalhar na empresa Xerox, desenvolvendo com Frank Halasz e Thomas Moran o NoteCard, inicialmente idealizado como uma ferramenta para analistas de informação. O NoteCard rodava em LISP nas estações de trabalho da Xerox D, que suportavam gráficos de alta resolução em grandes tamanhos. Cada janela era a reprodução de um fila de cartões. Seu tamanho podia variar, mas não havia barra de rolagem. Vários tipos de mídia eram suportados, e mapas de navegação globais e locais eram disponibilizados,

além de pesquisa. Também era possível formar porta-cartões. O NoteCards inspirou em parte a construção do HyperCard.
- 1985 – Intermedia: Desenvolvido na Brown University o sistema para documentos multimídia projetado pelo Institute for Research and Scholarship (Iris). Nesse sistema, os links pertenciam a *webs* (redes), de tal forma que, para visualizar um documento, o usuário devia selecionar uma web específica. Os links eram, assim, dependentes de contexto.
- 1985 – A Microsoft lança no mercado o programa de interface Windows: É a primeira versão do programa de texto Word para rodar em micros Macintosh. Em dois anos, o Windows vende um milhão de cópias.
- 1986 – Writing Environment (WE): Universidade da Carolina do Norte – projeto baseado em modelo de processos cognitivos envolvidos na autoria de textos, cujo objetivo era suportar todas as fases do processo de escrita de textos (conteúdo e estrutura).
- 1986 – Guide é lançado pela Apple: A Apple começa a produzir o Guide comercialmente em 1986.
- 1986 – Surge a linha 80386 de computadores pessoais: Os computadores pessoais saem da asa da IBM e começam a ser desenvolvidos por diferentes empresas, tendo como precursora a Compaq. Os PC's 386 também abriram frente com os avanços da multimídia.
- 1987 – Canon CAT: Considerado como o Macintosh original, esse computador surgiu da cabeça de Jef Raskin. No entanto, a maior característica diferenciadora do CAT é a não-utilização de mouse ou ícones, mas simplesmente um teclado especial com uma combinação de teclas por meio da qual o usuário navegaria no hipertexto.
- 1987 – *Authorware*: Surge um dos primeiros softwares de autoração eletrônica que pensa hipermidiaticamente e permite a confecção de apresentações multimídias e CD-ROM.
- 1987 – HyperCard para o Macintosh: Verdadeira revolução no hipertexto surgiu com o software criado para a Appel, o HyperCard. Como já prenuncia o próprio nome, é um sistema baseado em cartões e *frames* (como o KMS), porém na versão de cartões de visita. O conjunto desses cartões (pilhas) permite a navegação entre as informações. O criador do HyperCard, Brian Atkinson, admitiu que o sistema não foi projetado como um verdadeiro hipertexto no início. Ele originalmente construiu o HyperCard como um ambiente de programação gráfico, e muitas aplicações obtidas com ele nada têm a ver com hipertexto. Mesmo assim, esse sistema é, atualmente, talvez, um dos mais conhecidos produtos de hipertexto. Existem alguns motivos para essa popularidade. A mais pragmática delas é distribuição sem custos adicionais com cada computador Mac vendido a partir de 1987. Um segundo motivo é que ele inclui uma linguagem de programação geral denominada HyperTalk, que é muito fácil de ser aprendida e bastante poderosa na construção de interfaces gráficas.
- 1987 – Guide lançado para o MS-Windows: Em julho de 1987, além da versão da Apple, começou a ser produzida também uma para a Microsoft. A versão 3.05 suportava

gráficos, vídeos, indicadores externos e importação e exportação de arquivos. Havia também pesquisa de documentos e histórico, e podia-se utilizar itálico para referências, negrito para notas e *underline* para links. Os links eram criados em Pascal e podiam ser modificados para outra tipografia. O ponteiro do mouse mudava quando estava sobre o link.

- 1987 – "Hipertexto: introdução e pesquisa": Em setembro de 1987, Jeff Conklin escreveu esse artigo, já demonstrando a evolução dos recursos e o avanço na utilização de hipertextos e hipermídia no cotidiano.

- 1988 – *Dicionário de Khazars*, de Pavic: O dicionário de Milorad Pavic sobre os Khazars foi traduzido para o inglês pela primeira vez em 1988. O texto trata de um enigma histórico real: a conversão e o subsequente desaparecimento do império Khazar, uma tribo guerreira e nômade que vivia entre os mares Cáspio e Negro no século XVII. Seu poderoso império entrou em colapso após a decisão de seu líder de ter um de seus sonhos interpretados por três sábios: um judeu, um cristão e um muçulmano. Apesar de não se saber qual das três interpretações foi a mais satisfatória, os Khazars aparentemente se converteram à religião do vencedor e logo depois desapareceram. O conceito principal do texto enfatiza a distância, a inevitável lacuna entre a escrita e o que se procura representar; a lacuna entre textualidade e a representação em si mesma. O volume se divide em três dicionários, um para cada religião que participou da interpretação do sonho, com verbetes em ordem alfabética. O formato, com vários termos representados por ícones, numa referência direta aos hipertextos, permite que o livro seja ser lido de muitas maneiras diferentes e é uma crítica de Pavic à passividade criada pelo modo tradicional de leitura. É importante dizer, ainda, que o *Dicionário dos Khazars* está disponível em duas edições, uma masculina e uma feminina. Apenas dezessete linhas diferem uma edição da outra, mas estão numa carta crucial do livro hebreu, e a diferenciação da narrativa visa levar o leitor à reflexão.

- 1989 – *Apostila sobre hipertexto*, de Schneiderman e Kearsley: Lista de regras e formas de criação/organização de hipertextos torna-se o primeiro livro a efetivamente normatizar o hipertexto.

- 1989 – Linkway IBM: Desenvolvido por Larry Kheriaty na University of Western Washington's Western Educational Software Tools Centre, o objetivo do projeto Linkway era implementar um HyperCard para o sistema DOS. Em 1989, a IBM licenciou o software que aceitava textos, gráficos e sons, animação e controle de vídeo por meio de um mouse.

- 1989 – Macromedia Director: A Software House produtora do Authorware lança uma versão mais voltada ao usuário final de seu software de autoração. Utilizando metáforas baseadas em teatro, o Director age como um diretor com seu elenco, "atuando" multimidiaticamente no palco, por meio de *scripts* e regras bem próprias às suas necessidades.

- 1989 – Iris Intermedia 3.0: Em abril de 1989, o Intermedia foi lançado comercialmente em uma versão que permitia importação e exportação de um número selecionado de tipos de arquivos (ASCII, Microsoft Word, DIF) e trazia um dicionário on-line completo. Infelizmente, após sua versão 4.0, incompatibilidades com o sistema Apple e o corte dos subsídios para pesquisa levaram ao abandono do projeto.

- 1989 – *Afternoon* é publicado: O texto *Afternoon*, de Michael Joyce, foi concebido em 1989 para o software criador de hipertextos Storyspace. Atualmente, está disponível no Eastgate Systems. *Afternoon* estabeleceu-se como um "clássico" do novo gênero, recebendo elogios do *New York Review of Books* e do *The Washington Post*, entre outros. Há tantos modos de interpretar a obra de Joyce quanto há possibilidades de leituras.

- 1989/1990 – World Wide Web: O pesquisador europeu Tim Berners-Lee desenvolve a World Wide Web (ou WWW, sigla em inglês para rede de extensão mundial) para permitir o compartilhamento de documentos entre cientistas. Essa rede – que dá origem à internet – utiliza uma tecnologia que liga um texto a outro e facilita as consultas, ligação que recebe o nome de "hipertexto". Berners-Lee também desenvolve o primeiro programa para leitura de páginas em hipertexto (ou *browser*), chamado Lynx, que não exibe imagens.

- 1991 – Gopher: Protocolo de redes de computadores que foi desenhado para indexar repositórios de documentos na internet. Foi especificado em 1991 por Paul Lindner e Mark McCahill da Universidade de Minnesota. O Gopher perdeu popularidade com o crescimento da WWW, pela sua falta de flexibilidade quando comparado com o Html.

- 1991 – Linux: O finlandês Linus Torvald cria o sistema operacional Linux, programa em que o código-fonte é liberado, permitindo a qualquer programador modificar o software. Tradicionalmente, os programas aparecem na forma binária e são entendidos apenas pelo computador. Em 1999, já tendo passado por milhares de testes e modificações, o Linux atinge cerca de dez milhões de usuários em todo o mundo.

- 1991 – Discman de dados: A Sony escolheu o CD-ROM como suporte para lançar, em 1991, o Data Discman, que reproduz CD de áudio e CD-ROM, e inclui um pequeno teclado com cursor. Sua tela comporta até dez linhas de texto e o aparelho funciona com bateria cuja duração é de três horas.

- 1991 – Bíblia eletrônica: Além de ter sido o primeiro livro impresso, a Bíblia talvez tenha sido o primeiro livro a ser transportado para a versão digital. Não se sabe quem digitou sua primeira versão. Outras foram lançadas, como a da "Franklin Products", contendo dicionário, localizador de conteúdo e guia de pronúncia, tornando-a um hipertexto e mostrando mais uma vez que livros e hipertextos não são incompatíveis, e sim complementam uns aos outros, abrindo novas possibilidades de leituras e interpretações, e de novos livros.

- 1992 – Windows agrega multimídia: A Microsoft lança o sistema operacional Windows versão 3.1 que facilita a utilização de recursos multimídia e possibilita uma rápida expansão dos produtos em CD-ROM para os usuários de computadores pessoais. Empregados em programas

educativos e de entretenimento, os CD-ROM podem trazer, além de texto, som, vídeo, foto e animação.
- 1993 – Mosaic e os primeiros browsers: Surge o primeiro *browser* (programa de navegação) capaz de exibir imagens, o NCSA Mosaic, desenvolvido por alunos do Centro Nacional de Aplicações para Supercomputadores (NCSA) da Universidade de Illinois. Na equipe de pesquisadores estava Marc Andreessen, que fundaria a empresa Netscape Communications um ano depois. O software torna-se popular, sendo distribuído gratuitamente via internet.
- 1993 – Internet anárquica: A Fundação Nacional de Ciência (NSF) retira-se da administração da internet e deixa que empresas particulares se conectem e vendam acesso à rede. A partir daí, o uso da rede cresce velozmente em todo o mundo.
- 1993 – *The electronic labyrinth* é escrito: Trata-se de um estudo realizado por Christopher Keep, Tim McLaughlin e Robin Parmar a respeito das implicações do hipertexto junto a escritores criativos que pretendem ir além das noções tradicionais de linearidade. Esse projeto nasceu a partir de pesquisas realizadas no Canadá e tem sua versão publicada na *web* em 1995.
- 1993 – Wiki: Os termos wiki (pronunciado "wiquie") e WikiWiki são utilizados para identificar um tipo específico de coleção de documentos em hipertexto ou o software colaborativo usado para criá-lo. "Wiki wiki" significa "super-rápido" no idioma havaiano. É também a forma diminutiva de Wikitoria, versão Maori do popular nome cristão, Victoria. Chamado "wiki" por consenso, o software colaborativo permite a edição coletiva dos documentos usando um singelo sistema e sem que o conteúdo tenha que ser revisto antes da sua publicação. Wiki (com um W maiúsculo) e WikiWikiWeb são por vezes usados para referir-se ao Portland Pattern Repository, primeiro wiki.
- 1998 – E2: Everything2, ou simplesmente E2, é uma grande comunidade de colaboração na internet. Ela se autodenomina como tendo "um crescimento por ser uma enciclopédia editável muito simples para uma comunidade on-line focada na escrita, publicação e edição de um banco de dados de qualidade com conteúdo informativo, de introspecção e de humor".
- 1998 – XML: eXtensible Markup Language é uma recomendação da W3C para gerar linguagens de marcação para necessidades especiais. A XML é um subtipo de Standard Generalized Markup Language (SGML – Linguagem Padronizada de Marcação Genérica) capaz de descrever diversos tipos de dados. Seu propósito principal é a facilidade de compartilhamento de informações por meio da internet. Estimulado pela insatisfação com os formatos existentes (padronizados ou não), um grupo de empresas e organizações que se autodenominou World Wide Web Consortium (W3C) começou a trabalhar em meados da década de 1990 em uma linguagem de marcação que combinasse a flexibilidade da SGML com a simplicidade da Html. O princípio do projeto era criar uma linguagem que pudesse ser lida por software e integrar-se com as demais linguagens. Sua filosofia seria incorporada por vários princípios importantes: separação do conteúdo

e da formatação, legibilidade, tanto por humanos quanto por máquinas, possibilidade de criação de *tags* sem limitação, criação de arquivos para validação de estrutura e simplicidade. Com seu uso, podem-se interligar bancos de dados distintos. A XML concentra-se na estrutura da informação e não na sua aparência. Um banco de dados pode, por meio de uma aplicação, escrever em um arquivo XML, e um outro banco distinto pode ler então esses mesmos dados.

- 1999 – Peer-to-Peer: Apesar de a relevância do P2P apenas se fortificar a partir de 2002, é em 1999 que as primeiras transações "ponto a ponto" começam a aparecer. Essa metodologia de comunicação e troca de arquivos ampliou fortemente a atuação dos usuários na troca de arquivos e informações de forma mais generalizada.
- 1999 – ICQ e IM: O ICQ (ou iCQ) é um programa de comunicação instantânea pela internet que foi o mais popular durante anos. A sigla é um trocadilho baseado na pronúncia das letras em inglês de *I seek you* (Eu procuro você). O ICQ foi o pioneiro dessa tecnologia, tendo sua primeira versão lançada em 1997 por uma empresa israelense chamada Mirabilis, fundada por Yair Goldfinger, Arik Vardi, Sefi Vigiser e Amnon Amir. Em 1999, a AOL adquiriu a Mirabilis e englobou o serviço. A empresa nunca se definiu sobre seu mensageiro instantâneo padrão e desenvolveu o seu próprio: AIM ou AOL Instant Messenger. Esse é outro motivo da queda no número de usuários do ICQ e do crescimento e da hegemonia do MSN Messenger nos últimos anos. Porém, o ICQ continua ativo com uma equipe apresentando novas versões regularmente e com opções inovadoras como a troca de mensagens SMS de telefones celulares.
- 2001 – Creative Commons e GNU: A preocupação com a liberdade de criação e o colaborativismo gerado pela web. As licenças Creative Commons foram precedidas pela Open Publication License (OPL) e pela GNU Free Documentation License (GFDL). A GFDL foi criada principalmente como uma licença para documentação sobre software, mas é também utilizada por projetos como a Wikipedia. A OPL está agora defunta, e o seu criador sugere que os novos projetos não a utilizem. Tanto a OPL quanto a GFDL contêm partes opcionais que, na opinião dos críticos, as tornavam menos livres. A GFDL diferencia-se das licenças CC no requisito de que a obra licenciada seja distribuída de uma forma transparente, ou seja, que haja possibilidade de edição por software *open-source*. O Creative Commons foi lançado oficialmente em 2001. Lawrence Lessig, o fundador e presidente da Creative Commons, começou a organização como um método adicional de conseguir os objetivos do seu caso no Supremo Tribunal, Eldred *versus* Ashcroft. A primeira proposta de licenças Creative Commons foi publicada em 16 de dezembro de 2002. O projeto foi premiado com o Golden Nica Award no Prix Ars Electronica na categoria "Net Vision", em 2004.
- 2001 – Wikipedia: É uma enciclopédia multilingual online livre e colaborativa, ou seja, escrita por várias pessoas,

todas elas voluntárias. Foi criada em janeiro de 2001. Por ser livre, entende-se que qualquer artigo dessa obra pode ser copiado, modificado e ampliado, desde que os direitos de cópia e as modificações sejam preservados, visto que o conteúdo da Wikipedia está sob a licença GNU/FDL (Free Documentation License é uma licença para documentos e textos livres publicada pela Free Software Foundation). O modelo wiki é uma rede de páginas web contendo informações das mais diversas que podem ser modificadas e ampliadas por qualquer pessoa por meio de navegadores comuns, tais como Mozilla Firefox, Internet Explorer, Safari e Netscape, ou qualquer outro programa capaz de ler páginas em Html e imagens. Esse é o fator que distingue a Wikipedia de todas as outras enciclopédias: qualquer pessoa com acesso à internet pode modificar qualquer artigo, e cada leitor é um potencial colaborador do projeto. A enciclopédia sem fins lucrativos, gerida e operada pela Wikimedia Foundation que organiza 3,5 milhões de artigos e mais de 720 milhões de palavras em 205 idiomas e dialetos, contém mais de um milhão de artigos em língua inglesa, segundo dados de fevereiro de 2006, e 140.778 artigos em língua portuguesa. A maioria das entradas refere-se a artigos, mas o número total de entradas inclui imagens, páginas de usuários, páginas de discussão etc. Desde seu início, a Wikipedia tem aumentado firmemente sua popularidade, e seu sucesso tem feito surgir outros projetos irmãos.

- 2002 – P2P: Colaborativismo na troca direta de arquivos. O P2P ou Peer-to-Peer é uma tecnologia para estabelecer uma espécie de rede de computadores virtual, na qual cada estação possui capacidades e responsabilidades equivalentes. Difere da arquitetura cliente/servidor, em que alguns computadores são dedicados a servir dados a outros. Essa definição, porém, ainda é demasiado sucinta para representar todos os significados do termo Peer-to-Peer.
- 2003 – SMS e MMS: Serviço de mensagens curtas ou Short Message Service (SMS). Trata-se de um serviço disponível em telefones celulares digitais que permite o envio de mensagens curtas (até 160 caracteres em GSM e 255 em CDMA) entre esses equipamentos e entre outros dispositivos de mão como *palm* e *handheld*, e até entre telefones fixos (linha fixa). O SMS originalmente foi projetado como parte do GSM (sistema de comunicação móvel global) padrão digital de telefone celular, mas está agora disponível em um vasto leque de redes, incluindo redes 3G. Já se discute e se planeja sua evolução por meio do Multimedia Messaging Service (MMS). Com o MMS, os usuários poderão enviar e receber mensagens não mais limitadas aos 160 caracteres do SMS, bem como enriquecê-las com recursos audiovisuais, como imagens, sons e gráficos. O primeiro SMS foi projetado em dezembro de 1992 de um computador pessoal a um telefone celular na rede da GSM de Vodafone, no Reino Unido. Apesar de ter iniciado o projeto em 1992, foi apenas em 2003 que sua aplicação começou a ser utilizada de outras maneiras. Essa tecnologia expandiu a atuação do

hipertexto e da hipermídia por meio de suas possibilidades de atuação sem limitações impactantes.

- 2004 – Orkut: O Orkut é uma rede social filiada ao Google, criada em 22 de janeiro de 2004. Por meio dessa rede, os usuários podem criar novas amizades e manter relacionamentos. Seu nome é originado no projetista chefe, Orkut Büyükkokten, engenheiro turco do Google. Tais sistemas, como esse adotado pelo projetista, também são chamados de rede social.
- 2004 – Podcast: A comunidade digital desenvolve a versão em áudio dos blogs. Trata-se de uma forma de resgatar a oralidade ou simplesmente mais um recurso multimidiático da internet.
- 2005 – YouTube: Em fevereiro de 2005, três amigos unem-se e criam um site onde é possível carregar, assistir e compartilhar vídeos pessoais. Em outubro de 2006, o *site* é comprado pelo Google por US$ 1,65 bilhão. Em novembro do mesmo ano, o site é eleito a melhor invenção do ano, por criar uma nova maneira de educar e entreter milhões de pessoas.

Referências

BAIRON, S. *Multimídia*. São Paulo: Global, 1995.

BAITELLO JUNIOR, N. "A mídia antes da máquina". *JB on line*, Rio de Janeiro, 16 out. 1999. Caderno Idéias.

BASBAUM, S. *Sinestesia, arte e tecnologia*: Fundamentos da cromossonia. São Paulo: Annablume, Fapesp, 2002.

BENJAMIN, W. *Obra de arte na sua reprodutibilidade técnica*. São Paulo: Abril Cultural, 1980. Coleção Os Pensadores.

CINTRA, H. J. M. Comunidades virtuais: alguns conceitos e casos práticos. In: TERRA, J. C. C. *Gestão do conhecimento e e-learning na prática*. São Paulo: Negócio, 2003.

COSTA, M. *O sublime tecnológico*. São Paulo: Experimento, 1995.

COUCHOT, E. Da representação à simulação: evolução das técnicas e das artes da figuração. In: DOMINGUES, D. *A arte no século XXI*: a humanização das tecnologias. São Paulo: Editora da Unesp, 1997.

DELEUZE, G. O atual e o virtual. In: ALLIEZ, É. *Deleuze filosofia virtual*. São Paulo: Editora 34, 1996.

FEUERBACH, L. *A essência do cristianismo*. Campinas: Papirus, 1988.

FLUSSER, V. *Ficções filosóficas*. São Paulo: Edusp, 1998.

FRANCO, M. A. *Ensaio sobre as tecnologias digitais da inteligência*. Campinas: Papirus, 1997.

HALL, E. T. *A dimensão oculta*. São Paulo: Martins Fontes, 2004.

HIRSCH, M. W.; SMALE, S. *Ecuaciones diferenciales, sistemas dinâmicos y álgebra lineal*. Madrid: Alianza Editorial, 1983.

JOHNSON, S. *Cultura da interface*: como o computador transforma nossa maneira de criar e comunicar. Rio de Janeiro: Jorge Zahar, 2001.

LANDOW, G. P. *Relationally encoded links and the rhetoric of hypertext*. In: WEISS, S.; SCHWARTZ, M. Proceedings of ACM Hypertext 87 Conference November 13-15, 1987. North Carolina: Chapel Hill, 1987. p. 331-343.

LANDOW, G. P. *Hypertext 2.0*: The Convergence of Contemporary Critical Theory and Technology. London: JHU Press, 1997.

LEÃO, L. *O labirinto da hipermídia*. São Paulo: Iluminuras, 1999.

LEMOS, A. *Cibercultura*: tecnologia e vida social na cultura contemporânea. Porto Alegre: Sulina, 2002.

LÉVY, P. *O que é o virtual?* São Paulo: Editora 34, 1996.

LÉVY, P. *As tecnologias da inteligência*: o futuro do pensamento na era da informática. São Paulo: Editora 34, 1999.

LÉVY, P. *Cibercultura*. São Paulo: Editora 34. 1999.

LUFT, C. P. *Dicionário brasileiro Globo*. São Paulo: Globo, 1997.

MACHADO, A. *A arte do vídeo*. São Paulo: Brasiliense, 1988.

MACHADO, A. *A máquina e o imaginário*: o desafio das poéticas tecnológicas. São Paulo: Edusp, 1993.

MACHADO, A. O sonho de Mallarmé. In: MACHADO, A. *Máquina e imaginário*: o desafio das poéticas tecnológicas. São Paulo: Edusp, 1993. p. 165-191.

MACLUHAN, M. *O meio é a mensagem*. São Paulo: Hucitec, 1992.

MENEZES, P. (Org. e apres.) *Signos plurais*: Mídia, arte e cotidiano na globalização. São Paulo: Experimento, 1997.

MOLES, A. *Arte e o computador*. Porto: Afrontamento, 1968.

NEGROPONTE, N. *A vida digital*. São Paulo: Companhia das Letras, 1995.

PLAZA, J. "Arte e interatividade: autor-obra-recepção". *Revista do Mestrado em Arte e Tecnologia da Universidade de Brasília, VIS*, UnB, v. 3, n. 3, p. 29-42, 2001.

PLAZA, J.; TAVARES, M. *Processos criativos com os meios eletrônicos*: poéticas digitais. São Paulo: Hucitec, 1998.

PRADO, G. *Arte telemática*: dos intercâmbios pontuais aos ambientes virtuais multiusuário. São Paulo: Transmídia, 2002.

PROSS, H. *Medienforschung*. Darmstadt: Carl Habel, 1971.

SANTAELLA, L. *Matrizes da linguagem e pensamento. Sonora visual verbal*. São Paulo: Iluminuras, 2001.

TAVARES, M. Diferenças do criar com o uso das novas tecnologias. In: FAUSTO, NETO, A.; PINTO, M. J. (Org.) *O indivíduo e as mídias*. Rio de Janeiro: Diadorim, Compôs, 1996.

VENTURELLI, S. Arte computacional na era da globalização e do multiculturalismo. In: ASSOCIAÇÃO NACIONAL DE PESQUISADORES EM ARTES PLÁSTICAS (ANPAP). *Anais do IX Encontro Nacional da ANPAP*. v. 1. São Paulo: Sesc, 1997.

VIOLA, B. Y. Aura-t-il comproprieté dans l'espace des donnés. *Communications*, n. 48, p. 71, 1988.

Web

Consultas gerais: http://www.wikipedia.org/.

Cronologia da tecnologia hipertexto. Disponível em: http://pt.wikipedia.org/wiki/Cronologia_da_tecnologia_hipertexto. Acessado em jan. 2005.

ADAMS, S. *As contribuições católicas para a Bíblia*. Disponível em: http://www.veritatis.com.br/conteudo.asp?pubid=803. Acessado em jan. 2005.

Multimedia: From Wagner to virtual reality. Disponível em: http://www.artmuseum.net/w2vr/contents.html. Acessado em jun. 2004.

BALLONE, G. J. "Percepção". *Psiqweb* – Sociedade Paulista de Psiquiatria Clínica. Disponível em: www.psiqweb.med.br/cursos/percep.html. Acessado em out. 2003.

DIAS, C. *Entrevista*. Disponível em: http://pphp.uol.com.br/tropico/html/textos/2471,1.shl. Acessado em jul. 2005.

HILF, W. H. Beginning, midle, and end not necessarily in that order. In: *Digital entertainment: art, technology, and the new forms of storytelling in the digital era, homer Hypermedia*, 1996. Disponível em: http://www.cybertown.com/hilf.html. Acessado em fev. 2004.

BUSH, V. *As we may think*. Disponível em: http://www.theatlantic.com/doc/194507/bush.

NELSON, Ted. *Diversos*. Disponível em: http://xanadu.com.au/ted/.

DIREÇÃO DE ARTE: ABRANGÊNCIAS DE UMA ESPECIALIDADE NA PRODUÇÃO AUDIOVISUAL

Rose Moraes Pan
André Costa

CAPÍTULO

CINCO

MOBILIZANDO REPERTÓRIOS

A DIREÇÃO DE ARTE NA
PRÉ-PRODUÇÃO E NA PRODUÇÃO

DIREÇÃO DE ARTE
NA PÓS-PRODUÇÃO

PRODUÇÃO DE VINHETA

Introdução

A profissão de um diretor de arte é muito mais que um *status* ou um nome refinado. O profissional que exerce essa função precisa ser antenado. Como todo profissional da área da comunicação, o diretor de arte precisa ir ao cinema frequentemente, ir ao teatro, ver tudo o que se passa na televisão, internet, ler revistas, livros, viajar bastante, enfim, tudo o que o mundo moderno nos apresenta de demanda audiovisual e artística. Esse profissional precisa entender de história da arte e colocar em prática o seu conhecimento gráfico.

> O diretor de arte é responsável pela concepção visual de um produto, seja ele um filme, um programa de TV, anúncio impresso ou na web. Trata-se de um profissional generalista que precisa entender um pouquinho de cada área.

Como diz Daniela Castilho, artista visual e designer, em entrevista ao jornal *Gazeta Mercantil*:

O diretor de arte é uma espécie de maestro visual, ele coordena, afina e harmoniza os elementos visuais que compõem a cena, que será iluminada e fotografada para um filme ou para a TV. Portanto, os membros da equipe precisam estar afinados, precisam conhecer a partitura, precisam executar corretamente e inspiradamente a sua parte para que o conjunto da obra seja belo e harmonioso.

O diretor de arte é responsável pela coordenação de todos os elementos visuais que compõem a imagem da cena. A equipe de uma produção audiovisual pode ser composta de produtores, produtores de objetos e *casting*, técnicos em efeitos especiais e computação gráfica, iluminadores, cenógrafos, figurinistas, maquiadores etc., todos precisam estar devidamente entrosados para que o trabalho tenha resultado positivo.

O diretor de arte deve relacionar-se com outras áreas da produção, e não é diferente com o diretor de fotografia que, muitas vezes, em uma produção sem muita verba é também o responsável pela coordenação de produção.

Nos primórdios da sétima arte, entre 1910 e 1920, a composição visual tinha como base a pintura, o teatro e a fotografia. Nessa época, o cinema ainda buscava a sua própria identidade, descobria por meio do experimentalismo como criar a sua própria linguagem.

A técnica e a criatividade influenciaram muito nesse processo. As câmeras não possuíam mobilidade e a produção acabava por ter suas limitações.

As primeiras atrizes do chamado cinema mudo usavam uma maquiagem amarela, para aumentar o contraste com os olhos, os batons eram sempre escuros para criar um contraste na cena. Essa situação não acontecia de forma aleatória, já existiam o olhar detalhado, o olhar artístico, o traço da direção de arte.

Um outro exemplo de um clássico do cinema é o famoso filme *Le voyage dans la lune* (*Viagem à lua*), de 1902, dirigido por George Méliès (1861-1938). Nesse filme, Méliès, um importante cineasta dos primórdios do cinema, pinta e monta ele mesmo todo cenário para a produção das cenas.

Em seu outro importante filme, *Depois do baile*, de 1897, o diretor usa como recurso de cena, para reforçar a estética, o contraste da imagem, café/chocolate em pó em um banho, para dar o efeito da água caindo sobre o corpo da protagonista em ação, pois os filmes eram produzidos em preto-e-branco.

Um grande épico do cinema que não podemos deixar de citar é *Ben Hur*, de William Wyler (1902-1981), lançado em 1959. Esse filme marcou época pela beleza imposta na tela, principalmente se considerarmos que os recursos disponíveis na época eram escassos. Os números mostram realmente a grandeza desse épico da história do cinema. Foram usados cem mil figurinos, oito mil figurantes e mais de trezentos *sets* de filmagem.

Com a EVOLUÇÃO DOS EQUIPAMENTOS, DA TECNOLOGIA E NA BUSCA POR UMA LINGUAGEM PRÓPRIA DO CINEMA, surgiu a necessidade de mais profissionais especializados em criar elementos visuais para o olho da câmera. O aumento da equipe fez que fosse criada a figura, o nome, o DIRETOR DE ARTE.

Com o tempo a direção de arte passou a ter um conceito mais glamouroso e a ser quesito de disputa no Oscar da Academia de Artes e Ciências Cinematográficas de Hollywood. Alguns cineastas foram responsáveis por reforçar a importância da direção de arte.

O cineasta norte-americano Stanley Kubrick (1928-1999) sempre retratou na maioria de seus filmes personagens que sofriam um processo gradual de desintegração psicológica, que muitas vezes os conduzia à loucura. Perfeccionista e fotógrafo, Kubrick transformava seus filmes em perfeitas obras visuais.

Federico Fellini (1920-1993) nasceu em Rimini, pequena cidade litorânea na Itália. Escrevia roteiros, mas sempre a contragosto. Dizia que era uma pena transformar em palavras o que, na verdade, deveria ser transportado diretamente de sua imaginação para o filme. Tinha como marca trabalhar com não-atores e de não planejar muito sistematicamente sua rotina de trabalho. Surrealista e humanista, Fellini foi um dos cineastas mais criativos de todos os tempos, com uma galeria de personagens caricatos, bizarros e cenários surreais.

Suas produções possuem uma linguagem visual muito particular, que mistura reconstruções de lugares reais em estúdio, como a réplica da Fontana di Trevi, que aparece em *Oito e meio* (1963), e cenários evidentemente artificiais, como o oceano de plástico e o fundo pintado de *E la nave va* (1983).

George Lucas, idealizador e realizador do primeiro *Guerra nas estrelas*, inovou a linguagem cinematográfica com seus filmes de ficção científica. Com isso a direção de arte ganhou um novo departamento: a computação gráfica.

Um elemento de direção de arte que também deve ser explorada na produção cinematográfica é a luz. A iluminação em muitos enredos se torna protagonista da própria ação. Temos como exemplo os filmes de Alfred Hitchock (1899-1980), o pai do suspense, tendo como marca de seu trabalho o claro e o escuro, as sombras.

Um outro diretor que explora muito a luz como protagonista em suas narrativas é Quentin Tarantino (1963), conhecido por diálogos afinados, roteiro não-linear e pela enorme quantidade de sangue jorrando em seus filmes. O filme *Pulp fiction* é praticamente todo rodado com uma luz avermelhada, que dá o tom da trama do filme.

O diretor do filme, o diretor de arte e o de fotografia determinam se o filme vai ser rodado em estúdio, externa, tipo de luz, personagens e cenários. É função do diretor de arte em parceria com o diretor do filme elaborar como essas situações serão resolvidas.

Como observamos, a direção de arte não é uma função nova, ela já existia desde os primórdios do cinema, só não tinha o reconhecimento, o *glamour* e a boa remuneração que os profissionais de hoje têm.

Mobilizando repertórios

"O espectador constrói a imagem, a imagem constrói o espectador."
(Aumont, 1995, p. 81)

Na direção de arte de uma obra audiovisual, frequentemente somos estimulados a pensar sobre a construção da forma e da estética, de acordo com determinadas especificidades do público a que o trabalho se destina. Definir a linguagem, as formas e estéticas que possuem trânsito entre esse público pressupõe construir uma imagem prévia desse espectador e desenvolver códigos que possam ser acessados e valorizados por ele. O trabalho da direção de arte consiste em conhecer e trilhar um campo de valores e signos que configuram o repertório do público-alvo da obra.

Diante de uma imagem qualquer, mobilizamos nosso repertório visual, nossa memória de coisas já vistas, para *reconhecer* algo nessa imagem: um objeto, um espaço ou uma organização espacial, uma pessoa ou um tipo, uma situação etc.

Há, portanto, na leitura de uma imagem uma ação psíquica complexa que confere a quem vê o papel de um "parceiro ativo da imagem" (Aumont, 1995, p. 83). Essa operação de *reconhecimento* em mim, como espectador, resulta invariavelmente em uma espécie de prazer intelectivo ao constatar que a imagem me comunica porque algo dela em mim já existe: a imagem então, em alguma medida, em parte dela ao menos, mostra-me algo que já sou, vivi ou vi. Mostra-me em parte dela algo que já reconheço porque já faz parte de minha experiência visual.

Toda relação com as imagens guarda a expectativa desse prazer do reconhecimento: esta "satisfação psicológica pressuposta pelo fato de 'reencontrar' uma experiência visual em uma imagem, sob a forma ao mesmo tempo repetitiva, condensada e dominável" (*ibidem*).

Se uma imagem, então, aciona um processo de *reconhecimento*, ela toca no âmbito de coisas que *conheço*: trata-se, portanto, sempre de uma reconstrução de meu *conhecimento*, que vai, por sua vez, alterar o modo como vou ver novamente na realidade objetos, pessoas, espaços e situações da próxima vez que deparar com eles em meu cotidiano.

No entanto, ao ver um objeto por meio de uma imagem, deparo sempre com uma mediação, uma codificação. Uma imagem do objeto é, na verdade, uma construção acerca desse objeto: uma representação. Junto com o objeto, vemos também a forma que o traz até nós: o código. Há, portanto, um processo de identificação do objeto, mas também um processo de decodificação da forma pela qual o objeto nos é apresentado.

Uma maçã, por exemplo, é um objeto que já foi retratado por diversos pintores em diferentes épocas, de formas muito diferentes. Continuamos em todos os casos tendo uma fruta de nome maçã como referente comum dessas pinturas, mas quão diversa é a forma que a maçã aparece nos quadros surrealistas com relação aos naturalistas ou aos expressionistas! Cada escola expressava-se perante aspectos de linguagem que compunham um código que lhe era próprio. E, no entanto, nós, como espectadores, decodificamos as pinturas e reconhecemos a maçã. Para fazer isso, realizamos uma operação igualmente complexa de compreensão do código e de abstração.

Agora, se tratamos essa maçã como "referente" das pinturas, é porque tomamos o cuidado de não tratá-la como "conteúdo". Isso porque, afinal, o que seria o "conteúdo" nesses casos senão a maçã indissociada da forma, do código da representação? O que nos traz a pintura de uma maçã, senão *uma-maçã-pelo-olhar-do-pintor*. É por isso que comumente nos referimos aos "girassóis de Van Gogh": são girassóis, como os que conhecemos, mas vistos pelos olhos de Van Gogh. O conteúdo das telas não são girassóis, são os girassóis da *forma* tal como foram pintados, o que lhes dá uma identidade única, que os difere dos girassóis que vemos na realidade. Mas que, certamente, influenciarão o nosso modo de ver os girassóis na realidade.

O diretor de arte, portanto, precisa operar com as características da forma (técnica e linguagem) das obras, levando em conta que a forma não é um elemento indissociável do conteúdo. Trata-se, portanto, de algo como duas faces da mesma moeda: a forma também é conteúdo, e o conteúdo de um filme também é sua forma. E é nessa relação que se faz necessária uma direção artística dos produtos audiovisuais.

É importante notarmos que essa consideração das especificidades de cada público condiciona as estratégias de pesquisa de referências para a direção de arte. Uma investigação eficaz para as definições estéticas do filme deve, portanto, não só empreender uma pesquisa de referências para o conteúdo, a história e o tema dos filmes, mas também dedicar-se a conhecer mais sobre o público-alvo e os seus devidos repertórios culturais.

A direção de arte na pré-produção e na produção

A pré-produção consiste em pesquisas de locações, figurinos, teste de *casting*, aluguel de equipamentos, acessórios necessários, contratações (equipe técnica, atores etc.), cartas de autorização etc.

O diretor de arte, como observamos, é necessário em todas as etapas de uma produção audiovisual. Ele precisa exercer uma estreita relação com o coordenador de produção e com o diretor de fotografia, pois o diretor de arte é responsável, em uma produção, independentemente de ser um filme, um vídeo ou uma peça gráfica, por explicar todos os elementos visuais que comporão cada cena, ou cada página quando se tratar de um anúncio gráfico.

Além de o diretor ter de manter um estreito laço com esses profissionais, ele é responsável pela coordenação de uma grande equipe:

- *Cenógrafo*: profissional responsável pela planta baixa do cenário e pelo diretor de arte. O cenógrafo acompanha diretamente a execução final do trabalho realizado pelo cenotécnico.
- *Cenotécnico*: com os seus auxiliares, constrói o cenário segundo especificações do cenógrafo.
- *Figurinista*: responsável por organizar os figurinos e cuidar deles, para que todos os atores os tenham à disposição, de acordo com as necessidades de filmagem.
- *Camareira*: auxilia o figurinista em seu trabalho.
- *Maquiador*: responsável pela maquiagem dos atores sob a supervisão do produtor, do diretor de fotografia e do diretor de arte.
- *Maquiador de efeitos*: cuida das cenas em que efeitos cênicos de maquiagem sejam necessários, como sangue, envelhecimento da equipe de atores, machucados etc.
- *Produtor de objetos*: providencia os elementos de cena necessários, colocando-os sob a guarda do contra-regra de cena.
- *Contra-regra de cena*: é o profissional que mantém sob a sua guarda todos os objetos de cena, ajudando a decorar o *set* de filmagem.
- *Cabeleireiro*: responsável pela produção de penteados e perucas adequados à história, ao enredo e à cena.

Direção de arte na pós-produção

Vimos que na realização de um produto audiovisual, seja ele destinado à veiculação no cinema, na TV ou na internet, A PARTICIPAÇÃO DO DIRETOR DE ARTE OPERA COM O PROPÓSITO DE CRIAR A COERÊNCIA ESTÉTICA PLANEJADA, desde os preparativos durante a fase de pré-produção até todas as atividades que englobam a pós-produção.

Vale aqui apontar brevemente quais são as atividades e os procedimentos realizados durante essa etapa, para podermos então refletir sobre o que se espera de uma direção de arte responsável por todos os profissionais envolvidos nesse momento.

A etapa de pós-produção inicia-se tão logo o filme, o programa de TV ou o vídeo tenha encerrado a etapa de gravações, filmagens. A partir daí, todo um encadeamento de procedimentos começa a ser orquestrado: montagem/edição do trabalho, sonorização, criação e gravação da trilha sonora musical, acertos e afinamentos de marcação de luz e cores nas imagens rodadas, composição da computação gráfica, vinhetas, geração de caracteres e toda a programação visual do trabalho.

Se, nas etapas anteriores de pré-produção e produção, a direção de arte necessitou dialogar e trocar referências e decisões com relação aos outros profissionais envolvidos, na etapa da pós-produção todo o produto do trabalho desses outros setores se transforma em matéria-prima para o alinhamento estético da obra. Assim é que as imagens capturadas pelo diretor de fotografia, por exemplo, têm na pós-produção o momento de redefinição de seus tons de cores, da saturação de luzes e sombras, dos balanceamentos de brilhos e contrastes etc. E é por conta disso que o diretor de arte, além de saber interpretar e ordenar os conceitos estéticos envolvidos, precisa compreender também tecnicamente o trabalho das outras funções profissionais, podendo criar possibilidades factíveis de conjugação e diálogos entre esses diversos saberes, resultando em uma designação visual coesa, criativa e original.

E *designação visual* seria aqui uma expressão bastante adequada, já que o verbo *designar*,[1] do latim *designare*, encerra em seu significado o papel de orientação, planejamento, programação, mas também contém dentro de si a palavra *design*, de origem inglesa, que, de certo modo, também deve significar esse mesmo papel em todos os processos que envolvam realização audiovisual: a concepção, o planejamento, o projeto e a programação visual.

A produção de vinhetas

Na pós-produção, a realização de vinhetas tem sido cada vez mais valorizada como estratégia de identificação estética dos programas de TV, filmes e conteúdos multimídia.

---

1 Segundo a definição de "designar" no *Dicionário Aurélio*: "(...) 1. Dar a conhecer; nomear; indicar (...) 2. Ser o sinal, o símbolo de (...). 3. Fixar, determinar; marcar, assinalar (...). 6. Qualificar; denominar; classificar".

Na concepção e produção das vinhetas, deve existir uma articulação entre formas, cores e linguagem na criação da computação gráfica com os demais elementos da direção artística da obra. Assim é que as referências estéticas definidas e desenvolvidas em todo o trabalho de desenho de cenários, figurinos, fotografia, precisam encontrar coerências com traços, volumes, cores e formas que encontramos em toda a programação visual da pós-produção.

Além desse alinhamento necessário, é fundamental considerar as funções de linguagem que uma vinheta assume em uma obra audiovisual e observar que isso tem se transformado no tempo.

Na televisão, são as vinhetas que sempre separaram os programas do resto da programação, marcando seu início, seu fim e todas as incidências de intervalos comerciais. Além de informar ao espectador quanto ao início e reinício dos programas, a função das vinhetas tem se multiplicado ao longo da história da TV, a ponto de alguns canais de televisão exibi-las também como um conteúdo próprio, como é o caso da MTV. Nesse canal, a vinheta não é mais somente o enquadre dos programas: ela está presente em grande número com seus virtuosismos gráficos durante quase todo o intervalo comercial. Isso se deve ao fato de que a vinheta cumpre também uma função poderosa de criação de identidade estética, de compartilhamento de códigos e signos com o público escolhido, podendo criar e ampliar um repertório comum com seus espectadores, além de gerar uma relação de trocas e uma certa fidelidade estética, conforme já comentamos na primeira parte deste capítulo.

A renovação da gama de funções das vinhetas para as obras audiovisuais não pára por aí. Basta lembrar que sempre que colocamos um DVD no aparelho uma animação inicia-se antes de terminar no menu. Trata-se da vinheta de abertura de um verdadeiro pacote de conteúdos audiovisuais. Esse menu, com seus *links* e suas opções acessadas pelo controle remoto, faz da vinheta não só um enquadre de abertura: a vinheta agora se configura como uma interface pela qual decido e acesso as diversas opções de conteúdos que este DVD contém.

É interessante ter em mente essas reflexões dos caminhos mais recentes de utilização das vinhetas no audiovisual, se pudermos pensar na origem do termo. Segundo o *Dicionário de artes gráficas* (Porta *apud* Aznar, 1997, p. 22.), o termo "vinheta" significa:

> *Ornato tipográfico, baseado em linhas geométricas, flores, folhagens, seres vivos ou coisas inanimadas, para servir de enfeite ou cercadura em páginas de composição e trabalhos de fantasia. V. Cabeção, cercadura, florão. (Do fr. Vignette, dim. vigne, vinha; estes ornamentos representavam, na origem, cachos e folhas de videira, símbolo de abundância.).*[2]

---

[2] Para um estudo mais aprofundado sobre a origem do termo e sobre a relação com as artes gráficas, ver Aznar (1997).

A palavra vinheta refere-se primeiramente ao uso gráfico de enquadres ornamentais. Esse uso gráfico das vinhetas remonta à prática de decorar as iluminuras que, durante a Idade Média, expressavam graficamente os textos sagrados do Antigo e do Novo Testamentos (*ibidem*).

A ampliação dessas funções é que tem criado novos desafios à produção de vinhetas, permitindo que observemos seu uso específico nos produtos multimídia como uma indicação do papel importante que a computação gráfica assumirá na realização dos produtos audiovisuais nos próximos anos.

Referências

AUMONT, J. *A imagem*. Trad. Estela dos Santos Abreu e Cláudio C. Santoro. 2. ed. Campinas: Papirus, 1995.

AZNAR, S. C. *Vinheta*: do pergaminho ao vídeo. Marília: Unimar, 1997.

CESAR, N. *Direção de arte em propaganda*. São Paulo: Futura, 2000.

CHRIS, R. *O cinema e a produção*. Rio de Janeiro: DP&A, 2002.

WILLIANS, R. *Design para quem não é designer*: noções básicas de planejamento visual. Trad. Laura Karin Gillon. São Paulo: Callis, 1995.

DESIGN

Virgínia Pereira Cegato Bertomeu

CAPÍTULO

SEIS

GRÁFICO

DESIGN E COMUNICAÇÃO

A VISÃO DO **DESIGNER GRÁFICO**

Introdução

Inicialmente, é fundamental apresentar alguns dos aspectos que envolvem a compreensão do que seja design gráfico. Em meados de 2004, a Internacional Council of Graphic Design Associations (Icograda)[1] propôs que a denominação "design gráfico" fosse alterada, isso porque já era apontado pelo mercado e ensino que as disciplinas envolvidas na construção dessa profissão são amplamente diversificadas e multidisciplinares. Trata-se de uma formação que vai além dos estudos tipográficos, da identidade visual e do design para impressão. O design refere-se a algo holístico, suas disciplinas criativas associadas são muitas, e suas práticas multidisciplinares e interdisciplinares, crescentes. A rápida e contínua evolução da atividade levou a uma discussão internacional a respeito da adequação do próprio termo. Essa contínua evolução deve-se em parte à revolução da tecnologia disponível (sobretudo no que se refere ao computador), em relação ao próprio design que possibilita ao profissional o domínio do processo completo da atividade.

Esse avanço tecnológico permite que cada vez mais profissionais, de diversas áreas de atuação (propaganda, jornalismo, arquitetura, artes, design, produtores de RTVC, computação, entre outras), criem visuais para uma ampla diversidade midiática – TV, internet, cinema, multimídia, mídia impressa etc. No entanto, também ocorre o oposto, vários usuários que utilizam o computador como ferramental de produção arriscam-se a produzir design gráfico, o que desprestigia o setor e banaliza o papel e a força de um projeto bem realizado que cumpre seu propósito de construção.

E aqui se instauram as principais discussões:

*Quais disciplinas e áreas do conhecimento estão associadas ao **design gráfico**? Como podemos entender e definir design gráfico, se a criação visual passa a ser incorporada por outras mídias digitais e eletrônicas, por exemplo? A evolução tecnológica modifica quais características do "fazer" design gráfico?*

A própria palavra DESIGN parece ser associada de forma frequente e inadequada a "DESENHO", já localizando de maneira confusa a interpretação da atividade. É importante apontar que design significa uma ação projetual, processual, um projeto que trata inicialmente de objetivos predetermi-

---

[1] Endereço eletrônico: http://www.icograda.org.

nados que buscarão sua construção. Por sua vez, "desenho" pode ser definido como a representação figurativa de formas sobre uma superfície, por meio de linhas, pontos, cores, texturas etc. – recurso este que o design gráfico utiliza como parte do processo, mas não no todo de sua atividade.

Quando desenvolvemos um projeto de construção visual gráfica, devemos ter em mente uma diversidade de aspectos importantes. É fundamental lembrar que o papel final desse projeto gerará um material, na maioria das vezes, bidimensional, que comunicará por meio do suporte gráfico alguma informação. Os projetos mais comuns são: um livro didático ou um romance, um projeto de jornal de grande circulação ou um *house organ*, a identidade visual de uma marca ou uma sinalização, uma revista, um anúncio impresso, um CD musical... Mas quanto ao desenvolvimento de um *site*, de um projeto multimídia e de uma animação?

Segundo Villas-Boas (2000, p. 11) "Design gráfico se refere à área de conhecimento e à prática profissional específicas relativas ao ordenamento estético-formal de elementos textuais e não-textuais que compõem peças gráficas destinadas à reprodução com objetivo expressamente comunicacional". O *Glossário de termos e verbetes utilizados em design gráfico* (1998, p. 36), editado pela Associação dos Designers Gráficos (ADG), apresenta a seguinte definição:

> **Design gráfico** *como termo utilizado para definir, genericamente, a atividade de planejamento e projeto relativos à linguagem visual. Atividade que lida com a articulação de texto e imagem, podendo ser desenvolvida sobre os mais variados suportes e situações. Compreende as noções de projeto gráfico, identidade visual, projetos de sinalização, design editorial, entre outras. Também pode ser empregado como substantivo, definindo assim um projeto em si.*
>
> **Design visual** *utilizado como substituto à terminologia design gráfico, muitas vezes defendido como nomeação amplificada desse campo, por não se restringir diretamente às questões gráficas, ou seja, produzidas por algum tipo de impressão.*

A respeito da conceituação de projeto em processo, é claro que os termos até aqui apresentados integram-se a definições que reconhecem o design como ação projetual. Em relação à palavra "gráfico" que deveria especificar processos de projetos que apresentam sua execução em impressão "gráfica", temos espaços para ampliar o conceito. Na definição apresentada por Villas-Boas (2000), observa-se com clareza a especificação que compõe peças gráficas. No glossário da ADG (1998), há "a possibilidade dos mais variados suportes", e precisamos entender "suporte" como qualquer tipo de material – papel, cartão, plástico, madeira, vidro, tecido, fita, cortiça, couro etc. – sobre o qual se registram informações (impressas, desenhadas, montadas, manuscritas, gravadas); o mesmo que base (definição também retirada do glossário da ADG). Para contribuir ainda mais, temos a definição dos livros de produção gráfica: "material que serve de base para a aplicação de tinta, esmalte, verniz etc.", que nos auxiliam a reafirmar a característica final do design gráfico como um produto gráfico que envolve variedade de suportes, que irão receber, por meio de diversidades de sistemas de impressão – relevografia, encavografia, permeografia, planografia e eletrografia – criações visuais.

Cabe reforçar aqui a inadequação da utilização da terminologia "design gráfico" para especificar projetos de sites, projetos multimídias, animações e processos que não estão associados a processos de impressão e suportes que os recebam. Nas práticas e mercado, essas aplicações se mostram inadequadas. Para essas variedades de suportes e mídias, defini-las como design visual parece mais apropriado. Podem-se também utilizar outras denominações, como também web design, multimídia design e design de animação.

Design e comunicação

Um outro ponto relevante deste capítulo se refere à questão do design gráfico como um projeto comunicacional. Cabe lembrar que há alguns anos, quando se sugeriram as modificações da nomenclatura da profissão, profissionais e associações representativas indicaram a denominação "design de comunicação".

É fundamental discutir a comunicação da construção processual do design gráfico porque a qualidade desses projetos está diretamente ligada aos caminhos percorridos pela comunicação. O design gráfico gera um produto comunicacional em seus objetivos, cabe então a análise do quanto o objetivo é atingido ou não. Uma das observações mais identificadas em alunos e profissionais no desenvolvimento de design gráfico é a pouca informação e dedicação aos estudos de comunicação que envolvem os aspectos do desenvolvimento do projeto. As preocupações mais imediatas estão relacionadas às formas e às questões estéticas do projeto, e não necessariamente aos aspectos estratégicos que envolvem a comunicação, o que fundamentalmente retira toda a análise e coerência do processo a ser percorrido no desenvolvimento do projeto.

Quando se abordam os pontos envolvidos em um design gráfico, deve-se estar atento à sua transdisciplinaridade. Conhecimentos diversificados e múltiplos são necessários para o desenvolvimento de um bom projeto. Além da comunicação, os estudos que envolvem a psicologia da recepção e da percepção, os estudos da linguagem visual em suas variedades de expressão, as referências artísticas, o domínio tecnológico, as tecnologias de impressão e uma infinidade de outras disciplinas fazem parte da complexidade criativa do design gráfico. Na comunicação, uma diversidade de outros pontos deve ser somada às análises, já que é uma área do conhecimento também múltipla e transdisciplinar. Estudos de recepção, argumentação, processos comunicacionais, evolução tecnológica, planejamentos estratégicos, estudos das mídias, entre outros assuntos podem apresentar os melhores parâmetros para o desenvolvimento de uma boa comunicação.

Essas áreas do conhecimento sinalizam por si sós a complexidade que envolve o trabalho do designer gráfico. Identificamos na formação de novos profissionais algumas problemáticas que envolvem alguns projetos. Muitas vezes, ao analisarmos peças finalizadas, podemos nos perguntar ou perguntar ao designer: "Qual é o objetivo de seu projeto?", "A quem ele se destina?", "Qual é o efeito que se busca no receptor do projeto?". Muitas dessas questões não estão claramente identificadas em seu escopo.

Atualmente, disciplinas de comunicação estão sendo incorporadas às grades dos cursos de graduação de designer gráfico. Muitos profissionais destacam um sintoma muito comum na área: o domínio das estratégias de comunicação deve fazer parte do início de um bom e eficiente projeto gráfico, não apenas nos aspectos de identificação de públicos, mas também no objetivo da comunicação que se busca atingir.

A denominação "design de comunicação" atribuída pelas associações representativas internacionais da área ratifica a proposição de que a clareza da comunicação deve fazer parte desses projetos e consequentemente da profissão.

Para atender às EXPECTATIVAS DE UM CLIENTE, é importante abordar o aspecto RELEVÂNCIA. Um projeto gráfico relevante deve ser percebido pelo cliente de forma significativa, ser comunicado de forma clara e diferenciada de um padrão convencional; em outras palavras, podemos defini-lo como um projeto criativo. Um projeto com essas características é inusitado e comunica eficientemente a proposta inicial.

> O design gráfico deve "afetar" as pessoas e ser enfático, em vez de apenas distribuir mensagens aleatoriamente.

Quando se desenvolve uma comunicação que respeita o receptor como um sujeito, o produtor de uma mensagem gráfica utiliza-se do universo desse público como um diálogo alternado e em um contexto de parceria; caso contrário, a mensagem não será percebida.

Um dos muitos desafios do designer é o seguinte: que o universo do receptor faça parte, de forma coerente, da mensagem realizada, criada. Trata-se de um processo de negociação em que as posições iniciais do que se busca comunicar devem interagir com o sujeito que irá receber a mensagem e interpretá-la, procurando um terreno perceptivo comum entre emissor e receptor. É importante ressaltar que o design não é apenas a criação de objetos, mas um meio de atingir a eficiência da comunicação. Em razão disso, é imprescindível entender as pessoas, as sociedades e o ecossistema refletidos no projeto; caso contrário, desenvolver-se-á um projeto sem nenhum impacto operacional ou cultural. O impacto operacional afeta o comportamento das pessoas de um determinado modo, e o cultural influencia as relações entre indivíduos e objetos.

Deve-se perceber o público como um intérprete do design, e não apenas como um mero receptor. Para que o design gráfico seja valorizado, é necessário criar projetos que apresentem profundidade, relevância e ressonância junto aos públicos receptores e às empresas, não se esquecendo dos aspectos de responsabilidade econômica, sociocultural e ambiental.

Todos esses aspectos relacionados ao "design de comunicação" sinalizam cada vez mais que o design gráfico está desfrutando um foco sem precedentes para uma grande diversidade de públicos. O conceito de design gráfico como caráter projetual de solução tem repousado sob o conceito de inovação e busca de alternativas coerentes para as mais diversas aplicações empresariais. A imersão na profissão tem despertado em todas as áreas empresariais sua necessidade e importância significativa, gerando ainda mais expansão.

Uma outra característica positiva é a necessidade de discussão mais proeminente do design gráfico e da própria questão visual. O curso Criação Visual e Multimídia já apontava para essa necessidade quando do seu surgimento, há mais de dez anos, na Universidade São Judas Tadeu, onde se abordam as questões associadas às aplicações do design gráfico e suas buscas profissionais e diversificadas — além da discussão visual e de direção de arte aplicadas nas demais disciplinas de cinema, vídeo, fotografia, internet e multimídia.

A falta de aprimoramento de profissionais da área de criação de design visual e a pouca exploração de publicações específicas e profundas no setor apontam ainda a carência de desenvolvimento de práticas e técnicas de maior preparo profissional.

É imprescindível que os profissionais aprimorem seus conhecimentos e discutam as mais diversas confluências das disciplinas.

É um reflexo óbvio do impulso da profissão para aprender novas habilidades, ampliar conhecimentos profissionais, destacar a importância do caráter projetual do design e buscar excelência.

A visão do designer gráfico

Diante do exposto, vamos abordar algumas importantes e fundamentais características que podem auxiliar no desenvolvimento profissional de um designer gráfico, verificando suas habilidades e possibilidades de abordagens inovadoras.

Além do conhecimento das aplicações das leis visuais e dos principais períodos artísticos, temos que reforçar o conhecimento histórico da profissão de designer gráfico, porque muitas das tendências atuais são reformulações de períodos específicos que apontaram para soluções já historicamente solicitadas. Quando buscamos entender o surgimento das leis da diagramação, sua aplicabilidade em um projeto passa a ser muito mais claramente identificada como necessária ou não ao que se busca com a solução do projeto. O conhecimento histórico, além de proporcionar dados importantes para as soluções projetuais, permite vislumbrar as possibilidades já desenvolvidas nessa área.

A flexibilidade de opções ou associações criativas faz parte de um perfil importantíssimo para agregar inovação ao olhar e soluções exigidas por projetos inovadores. Associar ideias mentalmente e de formas mais livres exige que o pensamento do designer gere constantemente quantidades muito grandes de possíveis ligações. Fazer uma infinita e inesgotável busca mental associativa é um exercício que contribui significativamente para a criatividade e identificação de soluções mais inovadoras.

Quanto maior a bagagem de conhecimento do profissional, maiores são as possibilidades de associações de novas ideias criativas. Um maior conhecimento possibilitará associações inovadoras, quando a mente livre de pressupostos poderá fazer com que as misturas de milhões de possibilidades sejam construídas, sem prejulgamento, e esboçadas no papel.

Os critérios e julgamentos devem sempre acontecer em uma etapa seguinte e nunca no momento associativo, para não gerar uma barreira ou um bloqueio no mergulho da busca inovadora.

O perfil de pesquisador incessante é uma outra exigência. Mais que pesquisas ou formulários, deve-se atentar à pesquisa de observação, uma vez que o final de um processo de criação é destinado a quem irá receber o projeto, e não necessariamente os suportes de impressão.

Analisar de que forma o público se comporta ao receber peças gráficas e suas variações pode, em muito, apontar caminhos mais inovadores para o projeto.

Além da pesquisa de observação, devem-se conhecer e pesquisar todas as possibilidades inovadoras e visuais da atualidade, o que certamente ajudará na elaboração dos projetos. No entanto, conhecer superficialmente uma infinidade de disciplinas pode colocar o profissional em situações constrangedoras.

Os projetos devem ser adequados à realidade financeira do cliente. É fundamental entender que a limitação de uma verba é muito próxima de uma obrigatoriedade e limitação de informações em um briefing de criação. O designer precisa perceber a verba como uma limitação a mais, como em um briefing, que já está definindo uma série de limitações e predefinições.

Referências

ASSOCIAÇÃO DOS DESIGNERS GRÁFICOS (ADG). *ABC da ADG*: Glossário de temas e verbetes utilizados em design gráfico. São Paulo: ADG, 1998.

VILLAS-BOAS, A. *O que é [e o que nunca foi] design gráfico*. 3. ed. Rio de Janeiro: 2AB, 2000.

PROCESSOS DE CRIAÇÃO NAS

Cecilia Almeida Salles

CAPÍTULO

SETE

MÍDIAS E A CRÍTICA GENÉTICA

O objetivo deste capítulo é fazer uma apresentação dos estudos sobre os processos criativos que tiveram como ponto de partida a crítica genética e, assim, estabelecer um diálogo com a bibliografia já existente sobre a criação artística. Esse tema atrai o interesse de muitos pesquisadores, especialmente daqueles que se dedicam à melhor compreensão da criação publicitária. Acredito que as diferentes abordagens contribuem para o adensamento de nosso conhecimento sobre o ato criador, na medida em que sejam estabelecidas relações entre os resultados dessas pesquisas.

É nesse contexto que proponho apresentar a história da crítica genética e como ela vem sendo desenvolvida no Centro de Estudos de Crítica Genética da Pontifícia Universidade Católica de São Paulo (PUC-SP). Esses estudos seguiram sua vocação de berço e começaram também no campo da literatura, mais precisamente da literatura brasileira contemporânea. Em minha tese de doutorado, estudei os manuscritos do escritor Ignácio de Loyola Brandão, para seu livro *Não verás país nenhum*.

Recebi um diário geral, um diário de trabalho, anotações verbais e visuais, rascunhos, fotografias, recortes de jornais, que alimentaram as pesquisas, registros das dezenas de músicas ouvidas ao longo do processo, mapas da cidade em criação e objetos armazenados pelo escritor. Enfim, tratava-se de um dossiê bastante complexo, no que diz respeito a linguagens. Essas características da documentação me levaram para uma abordagem semiótica de linha peirciana, para que, assim, as relações entre as linguagens fossem esmiuçadas.

Com a divulgação dessa tese, ao longo dos cursos que ministrava no Programa de Pós-Graduação em Comunicação e Semiótica da PUC-SP, logo surgiu interesse por parte dos alunos, de formações e interesses bastante diversificados, de desenvolver pesquisa com a mesma metodologia, em outros campos.

Se o propósito direcionador dos estudos genéticos foi, desde seu início, a compreensão do processo de produção de uma obra literária e se seu objeto de estudo eram os registros do percurso do escritor encontrados nos manuscritos, a crítica genética deveria necessariamente romper a barreira da literatura e ampliar assim seus limites para além da palavra. Processo e registros são independentes da materialidade na qual a obra se manifesta e independentes, também, das linguagens nas quais essas pegadas se apresentam. Era possível, portanto, conhecer alguns procedimentos da criação, em qualquer manifestação artística, a partir dos rastros deixados pelos artistas.

Os diários e cadernos de anotações dos escritores já preparavam o crítico genético, de certo modo, para essa espécie de encontro de suportes e linguagens de naturezas diversas, como vimos no caso já citado.

> Poucos são os escritores que se mantêm fiéis ao registro verbal (e só verbal) em seus diários e anotações. Pensamentos fugazes são capturados na linguagem mais acessível, naquele determinado momento.

Diagramas visuais caminham lado a lado com palavras; mapas ou maquetes com espaços ficcionais. Objetos diversos são recolhidos e preservados. Escritores já desempenhavam seus papéis de tradutores de linguagens: tudo em nome da palavra nascente. É importante ressaltar que no início as outras linguagens eram vistas, por alguns pesquisadores, como personagens secundárias, em que a protagonista era a palavra.

Já estava, portanto, na própria natureza da crítica genética a possibilidade de estudar manuscritos de toda e qualquer forma de expressão artística (assim como de produções científicas). E foi isso que aconteceu. Logo, começaram a surgir pesquisadores interessados em estudar esboços e cadernos de artistas plásticos, roteiros de cineastas, anotações e vídeos de coreógrafos, e esboços e maquetes de arquitetos. Hoje, os estudos genéticos abarcam os processos comunicativos em sentido mais amplo, a saber, artes plásticas, cinema, dança, teatro, música, arquitetura, literatura, fotojornalismo, publicidade, jornalismo etc.[1]

Biasi (1993), de modo semelhante, percebeu essa possível troca transdisciplinar e discutiu os campos ainda inexplorados pela crítica genética. Minha prática exigia encarar com seriedade essa troca transdisciplinar. Todas as indagações de Biasi foram também minhas. Como fazer isso na prática? O autor preocupava-se com adaptações, ajustes e transferências de método de estudo, conceitos e modelos de análise da literatura para aplicação em outras áreas.

Os manuscritos de diferentes linguagens passaram, desse modo, a se forçar sobre mim, exigindo reconhecimento, e, em pouco tempo, eu não era mais uma pesquisadora que apresentava os resultados de estudos, mas um dos membros da comunidade de pesquisadores, que passou a conviver com uma troca intensa de informações. Éramos e somos pesquisadores de diferentes manifestações comunicativas que buscam melhor compreender o processo de criação.

A exposição *Bastidores da criação*, realizada em São Paulo, em maio de 1994[2] teve um papel, se não decisivo, pelo menos emblemático na apresentação dos novos horizontes da crítica genética. A mostra tinha dois objetivos bastante claros. Primeiro, expor manuscritos em sua diversidade de materializações. Queríamos apontar para a importância

---

1 Essa ampliação se deve muito ao trabalho desenvolvido no Centro de Estudos de Crítica Genética da PUC-SP.

2 Exposição *Bastidores da criação* realizada de 24 de maio a 25 de junho de 1994, na Oficina Cultural Oswald de Andrade (São Paulo), organizada pelo Centro de Estudos de Crítica Genética da PUC-SP.

de tratar esboços de artes plásticas, contatos de fotografia, projetos e maquetes de arquitetura, desenhos preparatórios da cenografia, notações de música e roteiros de cinema da mesma forma como os rascunhos da literatura vinham sendo tratados pelo crítico genético. Queríamos discutir que todos aqueles documentos eram manuscritos. Dialogávamos, naquele momento, com a comunidade científica da crítica genética. A exposição ampliava, assim, o conceito de manuscrito.

A mesa-redonda que abriu a exposição, por sua vez, tinha por objetivo mostrar para todos os interessados a relevância do estudo daqueles materiais e, assim, não deixar que a exposição se restringisse ao fetiche provocado pelos documentos tocados pelas mãos dos artistas.

A crítica genética assumia, desse modo, aquilo que Daniel Ferrer (2000) chamou de sua "vocação transartística". Segundo Ferrer (2000), o desenvolvimento dos estudos genéticos sustenta-se nos esforços de alguns pesquisadores de "promover uma reflexão da crítica genética que atravesse as fronteiras dos gêneros e das artes". Ele via que era esse o caminho para os estudos genéticos sobreviverem no século XXI.

As primeiras questões apresentadas diziam respeito à metodologia para abordar os "manuscritos" de diferentes linguagens. A prática mostrou que os críticos genéticos passam por procedimentos semelhantes.

A tarefa do crítico genético inicia-se, portanto, em uma série de etapas que têm o objetivo de tornar os documentos, que ele tem em mãos, legíveis. É importante que o crítico encontre a sua maneira de melhor manuseá-los. Refiro-me à necessidade de o pesquisador encontrar meios visuais de acessar seus documentos que viabilizem o estabelecimento de relações. Folhear páginas de um caderno, por exemplo, na sequência que esse suporte direciona, não facilita, normalmente, esse olhar relacional, que não pode se limitar a qualquer tipo de ordenação, linearização ou hierarquização.

Entrando já nas questões que envolvem o estudo crítico, propriamente dito, o trabalho do crítico genético envolve uma gama de trabalhos empíricos dedicados a documentos que permitam revelar progressivamente a aptidão desses registros para reconstituir, sob certas condições, o processo de criação de uma obra específica (ou obras específicas).

É feito um acompanhamento teórico-crítico dos percursos de produção, por meio de uma abordagem fenomenológica.

> É importante conviver (ler, reler e reler) com a documentação por um tempo.

A atenta observação dos documentos propicia o estabelecimento de relações entre as informações oferecidas pelos documentos, assim como entre os documentos e a obra entregues ao público; levantam-se hipóteses que, no decorrer da pesquisa, são testadas. Aquelas que são levadas adiante oferecem conhecimento sobre o modo como se desenvolve o processo criativo, sob a forma de generalizações. Essa crítica guarda, portanto, um procedimento indutivo: a partir de observações são formuladas generalizações. Daí afirmarmos que o contato com o objeto de estudo dessa crítica nos permite entrar na intimidade da criação artística e assistir a espetáculos, às vezes, somente intuídos e imaginados.

Tendo em mãos os diferentes documentos deixados pelos artistas, ao longo do processo, o crítico estabelece relações (chave metodológica) entre os dados neles contidos e busca, assim, refazer e compreender a rede do pensamento do artista. A metodologia dessas pesquisas se assenta naquilo que Morin (2000, p. 23), ao discutir a reforma do pensamento em direção ao desenvolvimento de uma inteligência mais geral, descreve como "arte de transformar detalhes aparentemente insignificantes em indícios que permitam reconstituir toda uma história".

É interessante observar que, de modo especular, a crítica genética passa por ajustes à medida que vai se desenvolvendo. Em nome de sua inevitável expansão, sofre rasuras transformadoras, ou seja, ajustes conceituais e teóricos. Uma dessas adequações diz respeito a seu objeto de estudo: o manuscrito. Já nos estudos de crítica genética de literatura, o termo manuscrito não era usado, limitando-se a seu significado de "escrito à mão". Dependendo do escritor, podíamos deparar com documentos escritos a máquina, digitados ou provas de impressão, que receberam alterações por parte do próprio autor.

Lidando com as outras manifestações artísticas, as dificuldades de adotar o termo manuscrito aumentaram. Seria difícil continuar falando de esboços, maquetes, rafes, briefings, vídeos, contatos, projetos, roteiros, copiões esboços, ensaios, partituras como manuscrito. Buscou-se outro termo que desse conta da diversidade das linguagens. *Documentos de processo* pareceu cumprir essa tarefa. Acredito que esse termo nos dá mais amplitude de ação.

Pode-se dizer que essa documentação, independentemente de sua materialidade, aponta sempre a necessidade de se fazerem registros. Há, por parte do artista, uma necessidade de reter alguns dados ou informações que podem ser possíveis concretizações da obra ou auxiliares dessa concretização. Os documentos de processo são, portanto, registros materiais do processo criador. São retratos temporais de uma gênese que agem como índices do percurso criativo.

As fronteiras materiais desses registros, no entanto, não implicam delimitações do processo. O crítico genético trabalha com a dialética entre os limites materiais dos documentos e a complexidade do processo, em outras palavras, os limites daquilo que é registrado e de tudo o que acontece, porém não é documentado ou preservado.

Se o interesse do crítico genético é o movimento criador em sentido bastante amplo, ele teve também de se desvencilhar da relação direta entre crítica genética e rasura verbal ou crítica genética e rascunho literário. Se não esbarraremos sempre no obstáculo da constatação superficial de que rascunho e rasura são diferentes nas outras linguagens. Rasuras estão sendo, aqui, tratadas como qualquer tipo de modificação ou adequação, que podem ser observadas na comparação de momentos diferentes do processo. Não estamos nos restringindo à fisicalidade do traço sobre determinadas formas, como se vê nos manuscritos literários. Para citar só um exemplo, a comparação de dois esboços, tendo a obra entregue ao público como referência, traz uma adequação implícita. E rascunhos são todos os documentos de experimentação, como veremos.

Tendo a questão dos documentos de processo como registros direcionando-nos, encontramos duas grandes constantes nesses documentos que acompanham o movimento da produção de obras. Seriam características comuns que estão presentes nos processos sob diferentes formas. Em termos gerais, esses documentos desempenham dois papéis ao longo do processo criador: *armazenamento* e *experimentação*.

O artista encontra os mais diversos meios de *armazenar* informações, que atuam como auxiliares no percurso de concretização da obra e que nutrem o artista e a obra em criação. Quero enfatizar que o ato de armazenar é geral, está sempre presente nos documentos de processo, no entanto aquilo que é guardado e como é registrado varia de um processo para outro, até de um mesmo artista.

Outra função desempenhada pelos documentos de processos é a de registro de *experimentação*, deixando transparecer a natureza indutiva dos processos das artes. Nesse momento de concretização da obra, hipóteses de naturezas diversas são levantadas e vão sendo testadas. São documentos privados que são responsáveis pelo desenvolvimento da obra. São possibilidades de obras. Sob essa perspectiva, são registros da experimentação, sempre presente no ato criador, encontrados em rascunhos, estudos, croquis, plantas, esboços, roteiros, maquetes, copiões, projetos, ensaios, contatos, *story-boards*. Mais uma vez, a experimentação é comum, as singularidades surgem nos princípios que direcionam as opções.

Não se pode, de modo algum, fazer nenhum tipo de generalização quanto à existência e ao consequente uso desses diferentes suportes materiais nos diversos processos criativos — nem mesmo podemos generalizar o uso desses documentos feito por um determinado artista. Há variações de um artista para outro e de um processo para outro. Estamos cientes de que não esgotamos, nessas listagens, as possibilidades de suportes, mas o que está sendo oferecido aqui é uma linha de caráter geral, a partir da qual as peculiaridades ou a individualidade de cada artista devem ser trabalhadas caso a caso. Esses instrumentos podem, também, aparecer de forma mista — operações preliminares, como planos, registradas em diários, por exemplo.

Cada um desses documentos privados deixados pelo artista, portanto, fornece ao crítico informações diversas sobre a criação e lança luzes sobre momentos diferentes da criação. Entrevistas, depoimentos e ensaios reflexivos são documentos públicos que oferecem, também, dados importantes para os estudiosos do processo criador; têm, no entanto, caráter retrospectivo que os coloca fora do momento da criação, ou seja, não acompanham o movimento da produção das obras.

O que nos interessa aqui é destacar as diversas possibilidades de fonte de informação às quais o crítico genético pode ter acesso e apontar para a variedade de informações que podem ser obtidas a partir dessas diferentes fontes.

Ao abordar a diversidade de concretizações desses vestígios, entramos em um ponto sempre questionado quando se apresenta essa linha de pesquisa: a relação crítica genética e novas tecnologias.

Tomando como referência o processo de criação na literatura, por exemplo, sabe-se que o computador vem sendo utilizado por muitos como um suporte mais ágil e prático do que lápis, caneta ou máquina de escrever.

*Somos uma **geração de transição** em que muitos escritores não usam ou ainda não usam o computador;* aqueles que o adotaram aproveitam as vantagens inegáveis que o meio oferece e procuram por saídas para as desvantagens como a perda de arquivos ou a não-recuperação de formas rejeitadas, antes resgatáveis e hoje *deletadas*. Assim, cópias em disquete ou em papel são preservadas. Ainda na busca por soluções para as desvantagens do computador, o escritor lida com as cópias para fazer correções manuais, e, assim, os fragmentos oferecidos pela tela reintegram-se no todo da obra.

De modo semelhante, artistas de outras manifestações artísticas encontram no computador um meio facilitador de seu percurso e, em muitos casos, não em detrimento dos outros meios, que já eram usados.

Há, ainda, os processos criativos de obras que têm as novas tecnologias como suporte. O crítico genético vai se defrontar, nesses casos, com arquivos de imagens paradas, imagens em movimento, sons ou ainda *back-ups* de ideias a serem desenvolvidas ou formas em construção; arquivos esses que serão tratados como os outros manuscritos.

Nessa perspectiva, as novas tecnologias, em vez de apontarem para o fim desses documentos, contribuem para o aumento de sua diversidade.

Os estudos de crítica genética sempre mostraram uma forte tendência em direção à busca pela singularidade de processos criativos específicos. Por necessidade científica, alguns pesquisadores vêm avançando em direção a uma generalização sobre o processo de criação, levando a princípios que norteiam uma possível morfologia da criação. A história das ciências mostra movimento semelhante em outros campos do conhecimento: o estudo das singularidades necessitando de generalizações. Os estudos genéticos de base semiótica têm caminhado em direção a uma possível teoria da criação (de base semiótica), ou seja, ferramentas gerais que tiveram como ponto de partida estudos singulares de documentos e que, ao mesmo tempo, se alimentam desses estudos.

O acompanhamento teórico-crítico de vários processos levou-nos à observação de algumas características comuns nesses percursos, que nos possibilitam chegar a uma teorização de natureza geral dos processos de criação. As comparações e os contrastes entre as singularidades, mais a adição de informações advindas das mais diversas fontes, como depoimentos, entrevistas, diários, *making-ofs*, apontam para esses instrumentos analíticos de caráter mais amplo.

O percurso da criação mostra-se como um emaranhado de ações que, em um olhar ao longo do tempo, deixam transparecer repetições significativas. É a partir dessas aparentes redundâncias que se puderam estabelecer generalizações sobre o fazer criativo, a caminho de uma teorização. Não seriam modelos rígidos e fixos que, normalmente, mais funcionam como fôrmas teóricas que rejeitam aquilo que nelas não cabem. São, na verdade, instrumentos que permitem a ativação da complexidade do processo. Não guardam verdades absolutas, pretendem, porém, ampliar as possibilidades de discussão sobre o processo criativo.

Se, por um lado, os estudos genéticos ganharam em extensão na ampliação dos limites de manuscrito para além da literatura; por outro, na procura por princípios de natureza geral, os estudos das singularidades ganham na profundidade de seus resultados. A falta dessa teorização mais geral pode levar, em muitos casos, a se atribuir singularidades de um artista a algum modo de ação bastante geral. Esse projeto de ir ao encontro de uma possível morfologia do ato criador levou a uma inversão de perspectiva dessas pesquisas.

Abre-se, assim, a possibilidade de se desenvolverem pesquisas comparadas. Passamos a ter instrumentos de comparação e contraste, tanto no que diz respeito a diferentes autores de um mesmo meio de expressão quanto no que se refere a estudos comparados entre processos de criadores de diferentes áreas. Podemos citar dois exemplos dessa metodologia comparativa: a dissertação de Laís Guaraldo (2000) comparou cadernos de viagem de Eugène Delacroix e Paul Gaugin, e o trabalho de João Vicente C. Bertomeu (2002) lidou com cinco campanhas publicitárias.

Tínhamos, no início da história do desenvolvimento da crítica genética, estudos gerando conhecimento sobre alguns processos. A metodologia do estudo de documentos era, naquele momento, mais geral do que os resultados singulares aos quais as pesquisas chegavam. Eram pesquisas específicas que caminhavam, necessariamente, para singularidades. À medida que uma possível teoria da criação é configurada, há uma inversão de perspectiva. A teorização passa, naturalmente, a ser mais geral do que os estudos de caso. De certo modo, a metodologia dos estudos genéticos passa, assim, a estar a serviço de algo mais amplo que é a teorização sobre o processo criador.

É importante ressaltar que todos esses tipos de pesquisa vêm convivendo, em termos científicos, de forma bastante fértil, na medida em que não há o abandono de uma tendência em detrimento de uma mais nova que esteja surgindo. Há estudos de crítica genética de artistas específicos caminhando lado a lado com pesquisas que buscam os aspectos mais gerais do ato criador. Os documentos oferecem um grande potencial de exploração que ultrapassa, sem dúvida alguma, o olhar curioso atraído pelo fetiche que os envolve. Os índices de pensamento em processo precisam encontrar modos de leitura. É isso que pretendemos com a busca por esses instrumentos teóricos.

Os estudos de processos específicos mostram que essas características gerais ganham nuances em processos específicos. Essas ferramentas amplas são aspectos da criação que podem ou não estar presentes em um determinado dossiê (ou conjunto de documentos de um processo) e que podem aparecer em diferente gradação de um sujeito para outro. Cada processo é singular, pois as combinações dos aspectos gerais são absolutamente únicas.

Para desenvolver essa teorização sobre o processo de criação, estabelecemos diálogos entre pensadores da filosofia e da arte e os próprios artistas. São chamados, sempre que parecer necessário, teóricos como Charles S. Peirce, Vincent Colapietro, Edgar Morin, Iuri Lotman, Pierre Musso, Jean-Yves e Jacques Tadié, entre outros. Acredito que o objeto que nos instiga a compreender merece primazia. Os instrumentais teóricos devem ser convocados de acordo com as necessidades do andamento das reflexões, para que os documentos dos artistas não se transformem em meras ilustrações das teorias. Nesses casos, os conceitos perderiam seu poder heurístico, ou seja, a pesquisa ofereceria muito pouco retorno no que diz respeito a descobertas sobre o ato criador. No entanto, se o que buscamos é a melhor compreensão da complexidade que envolve o processo criativo, não podemos lançar mão de conceitos teóricos isolados, como percepção ou acaso (ou quaisquer outros). Acredito que devemos discutir a criação com o auxílio de um corpo teórico de conceitos organicamente inter-relacionados.

O processo de criação, com o auxílio da semiótica peirciana, pode ser descrito como um movimento falível com tendências, sustentado pela lógica da incerteza, englobando a intervenção do acaso e abrindo espaço para a introdução de ideias novas. Um processo no qual não se consegue determinar um ponto inicial, nem final. No livro *Gesto inacabado* (Salles, 2002), apresento uma discussão sobre esse trajeto com tendências incertas e indeterminadas, que direcionam o artista em sua incansável busca pela construção de obras que satisfaçam seu grande projeto poético; construção essa fortemente marcada por questões comunicativas. A busca do artista encontra suas concretizações possíveis em complexos processos de construções de obras. Em um segundo momento, o percurso criador foi enfocado sob cinco pontos de vista: ação transformadora, movimento tradutório, processo de conhecimento, construção de verdades artísticas e percurso de experimentação.

A continuidade e o inacabamento, até aqui destacados, ganharam maior complexidade quando foi possível compreender as redes de interações em continuidade e inacabamento, ou seja, o processo de criação como uma rede complexa em permanente construção. A contínua observação de processos criativos apontou para a necessidade de pensar a criação como rede de conexões,[3] cuja densidade está estreitamente ligada à multiplicidade das relações que a mantêm. No caso do processo de construção de uma obra, podemos falar que, ao longo desse percurso, a rede ganha complexidade à medida que novas relações vão sendo estabelecidas.

Pierre Musso (2004), ao discutir redes, diz se preocupar com a explosão desse conceito que, de certo modo, o supervaloriza em metáforas. Com a mesma preocupação, também levo adiante essa perspectiva, por acreditar que seja necessária para a compreensão da plasticidade do pensamento em criação, que se dá justamente nesse seu potencial de estabelecer nexos. Um paradigma ligado a um pensamento das relações. Essa abordagem do processo criativo talvez seja responsável pela viabilização de leituras não-lineares e libertas das dicotomias, tais como: intelectual e sensível, externo e interno, autoria e não-autoria, acabado e inacabado, objetivo e subjetivo, e movimento prospectivo e retrospectivo.

Incorporo, desse modo, também o conceito de rede, que parece ser indispensável para abranger características marcantes dos processos de criação, tais como: simultaneidade de ações, ausência de hierarquia, não-linearidade e intenso estabelecimento de nexos. Esse conceito reforça a conectividade e a proliferação de conexões, associadas ao desenvolvimento do pensamento em criação e ao modo como os artistas se relacionam com seu entorno.

Sem entrar no detalhamento dos resultados aos quais essa pesquisa já chegou, ressalto apenas que, para compreender os diálogos ou as interações responsáveis pela criação, devemos partir da observação das relações do artista com a cultura, para chegar ao sujeito em seu espaço e seu tempo. É importante também discutir as questões relativas à memória, à percepção e aos recursos de criação, assim como tentar compreender os modos de conexão das redes do pensamento em criação, ou seja, as maneiras como se organizam as tramas do pensamento.

*A proposta de tomarmos o **conceito de rede** como uma possível perspectiva teórica para os estudos genéticos mostra-se, assim, interessante sob dois pontos de vista. Por um lado, como modo de representação dos processos criativos, ou seja, propor a leitura desses processos como rede em construção. E, por outro lado, como reflexão sobre a prática do crítico genético, na medida em que ressalta o aspecto relacional dessa metodologia e a necessidade de construir redes para falar de uma rede em construção.*

---

3 Ver discussão mais ampliada no livro *Redes da criação* (Salles, 2006).

Em seu percurso de expansão, a crítica genética está chegando ao conceito de processo em sentido bastante amplo, apontando, assim, para a possibilidade de oferecer uma outra maneira de se aproximar da arte, que incorpora seu movimento construtivo.

Trata-se de uma discussão das obras como objetos móveis e inacabados, que difere significativamente dos estudos sobre os fenômenos comunicativos, em suas diversas manifestações, que discutem produtos considerados finalizados ou acabados. O que passamos a ter é outro instrumento para discutir as diferentes formas de comunicação, uma perspectiva comum para pensar esses fenômenos ou "princípios organizadores que permitem ligar os saberes e lhes dar sentido", como fala Morin (2000, p. 21). Uma abordagem cultural em diálogo com interrogações contemporâneas (Biasi, 1993) que encontra eco nas ciências que discutem verdades inseridas em seus processos de busca e que, portanto, não são absolutas e finais.

Acredito que essas discussões se tornaram fundamentais para pensarmos certas questões contemporâneas que envolvem, por exemplo, a autoria e a intrincada relação obra e processo. As reflexões teóricas que trazem essa perspectiva processual para a arte ultrapassam os ditos bastidores da criação. Daí percebermos que estamos diante de recursos teóricos para desenvolver uma crítica de processo.[4] Muitas questões de extrema importância para discutir a arte em geral e aquela produzida nas últimas décadas, de modo especial, necessitam de um olhar que seja capaz de abarcar o movimento, como veremos mais adiante.

Como já foi mencionado, em um determinado momento alguns pesquisadores sentiram necessidade de refletir sobre características gerais do processo de criação para, entre outras coisas, chegar em maior profundidade ao que há de específico em cada artista estudado.

A continuidade do acompanhamento de diferentes processos levou-nos a muitas questões que envolvem a criação artística, mas que nos transportam para além de seus bastidores, ou seja, além de seu passado registrado nos documentos das gavetas dos artistas. A perspectiva processual, se levada às últimas consequências, não se limita, portanto, a documentos já produzidos, que, portanto, pertencem ao passado das obras. Algumas obras, incluindo todo o potencial que as mídias digitais oferecem, parecem exigir novas abordagens. Ao mesmo tempo, muitas dessas obras exigem novas metodologias de acompanhamento de seus processos construtivos e não somente a tradicional coleta de documentos, no momento posterior à apresentação da obra publicamente, isto é, a abertura das gavetas dos artistas para conhecer os registros das histórias das obras. Algumas obras que poderiam ser chamadas processuais, contemporâneas (mas não só), geram novas metodologias para abordar seus processos de criação. Ao mesmo tempo, os resultados desses estudos sobre processos mudam, de alguma maneira, os modos de abordá-las sob o ponto de vista crítico. Muitos críticos de processos

---

4 Sem deixar de mencionar a importância dos debates desenvolvidos no Centro de Estudo de Crítica Genética (Programa de Pós-Graduação em Comunicação e Semiótica da PUC-SP) para chegar a tais conclusões.

passaram a conviver também com o percurso construtivo em ato ou em tempo real, por meio de acompanhamentos de produções. Alguns desses procedimentos geraram o que chamamos de curadorias em processo.[5]

Essas novas questões, que pareciam merecer maior atenção, exigiam novas formas de desenvolvimento do pensamento que dessem conta de múltiplas conexões em permanente mobilidade, ou seja, redes em construção.

Ficou claro que estavam em construção instrumentos teóricos que se ocupam dessas redes móveis de conexões. Ao olhar retrospectivo da crítica genética, estávamos adicionando uma dimensão prospectiva, oferecendo uma abordagem processual. Surge, assim, a crítica de processo.

A teorização, que essa crítica de processo oferece, continua auxiliando a compreender os estudos sobre a história das obras entregues ao público e permite também que entremos na complexidade que envolve as relações entre obras e processo, que não serão aqui aprofundadas, por necessidade de delimitação do escopo desta discussão.

Já para uma discussão mais aprofundada das obras processuais, o crítico necessita, como foi dito, de ferramentas que falem de movimento. A obra dá-se no estabelecimento de relações, ou seja, na rede em permanente construção que fala de um processo, não mais particular e íntimo. Cada versão da obra pode ser vista de modo isolado, mas, se assim for feito, perde-se algo que a natureza da obra exige. São obras que nos colocam, de algum modo, diante da estética do inacabado; incitam-nos a seu melhor conhecimento e ao consequente acompanhamento crítico dessas mutações.

Como fica claro, para se aproximar, de modo adequado, dos vínculos entre processo e obra, o crítico precisa de instrumentos teóricos que sejam capazes de discutir as obras em sua dinamicidade. Uma abordagem que compreenda a criação em sua natureza de rede complexa de interações em permanente mobilidade. As leituras dos objetos estáticos não são satisfatórias, parecem deixar de lado algo de determinante que está na obra e que, no entanto, não consegue nem ser tocado ou atingido.

Desse modo, algumas obras contemporâneas (mas não só apenas elas) impuseram novas metodologias para compreender seus processos construtivos e, ao mesmo tempo, re-conceituaram tanto o processo de criação como a própria obra. Foi essa nova abordagem, portanto, que deu origem ao que estou aqui chamando de crítica de processo. Acredito que essa possível teoria da criação, de base semiótica, que desenvolve a visão de redes em construção oferece algumas formulações para a sustentação desta discussão sobre os processos criativos nas mídias.

Acredito que o abalo produzido pela crítica genética, como Louis Hay nos alertou em 1985, ainda não cessou de produzir seus efeitos. Continuará sendo um desafio para muitos pesquisadores ao longo dos próximos anos.

---

[5] É importante destacar o trabalho de curadoria feito por críticos como Rubens Fernandes Jr. na fotografia e Christine Mello no vídeo e nas mídias digitais.

Referências

BERTOMEU, J. V. C. *Criação na propaganda impressa*. São Paulo: Futura, 2002.

BIASI, P.-M. L'horizon génétique. In: HAY, L. (Org.) *Les manuscrits des écrivains*. Paris: Hachette, CNRS Editions, 1993.

FERRER, D. A crítica genética do século XXI será transdisciplinar, transartística e transemiótica ou não existirá. In: *Fronteiras da criação*: VI Encontro Internacional de Pesquisadores do Manuscrito. São Paulo: Annablume, 2000.

GUARALDO, L. *A percepção artística nos cadernos de viagem de Delacroix e Gauguin*. 2000. Dissertação de Comunicação e Semiótica, Pontifícia Universidade Católica de São Paulo.

HAY, L. Le texte n'existe pas: Réflexions sur la critique génétique, *Poétique*, n. 62, p. 147-158, 1985.

MORIN, E. *A inteligência da complexidade*. São Paulo: Peirópolis, 2000.

MUSSO, P. A filosofia da rede. In: PARENTE, A. (Org.) *Tramas da rede*. Porto Alegre: Sulina, 2004.

PEIRCE, C. S. *The collected papers of Charles Sanders Peirce*. CD-ROM Databases, InteLex Corporation, 1992.

SALLES, C. A. *Gesto inacabado*: processo de criação artística. 3. ed. São Paulo: Annablume, 2002.

SALLES, C. A. *Redes da criação*: construção da obra de arte. Vinhedo: Horizonte, 2006.

CRIAÇÃO:
APRENDIZAGEM **EM FOCO**

Rita Maria Lino Tarcia

CAPÍTULO OITO

ABORDAGENS EDUCACIONAIS

A CRIAÇÃO COM O OBJETIVO EDUCATIVO

TECNOLOGIA EDUCACIONAL

EDUCAÇÃO A DISTÂNCIA (EAD)

Introdução

Discutir educação com profissionais da área de criação sempre foi um grande desafio, na medida em que tais áreas parecem ser diferentes e com poucos pontos de convergência que possam sustentar debates ao longo de uma disciplina de 32 horas, constitutiva do Projeto Político do Curso de Pós-Graduação em Criação Visual e Multimídia.

É necessário alinhar as contribuições da área da educação aos interesses e às necessidades dos profissionais que buscam um curso de pós-graduação *lato sensu* com um objetivo mais imediato voltado para a sua formação e atualização profissional.

Nesse sentido, estudar e definir como as questões da área da didática poderiam contribuir com esse objetivo profissional foi o desafio que resultou em um trabalho criativo e importante para os profissionais da área de criação e multimídia. A proposta foi desenvolvida a partir da reflexão acerca da importância da multimídia para os processos de aprendizagem que se realizam em diferentes contextos e situações.

> *Os profissionais dessa área veiculam informações, e, com a **reflexão pedagógica** e a intencionalidade da aprendizagem, tais informações se configuram como conhecimentos e passam a gerar mudanças no comportamento das pessoas, atribuindo assim um papel diferente ao ato criativo e à utilização dos recursos multimidiáticos.*

Nesse caso, as contribuições didáticas passam a ser de caráter prático, de modo que sua aplicabilidade atribua ao material produzido uma outra dimensão e, portanto, novos impactos e resultados para o usuário.

Abordagens educacionais

Quando se considera uma situação educativa ou a produção de um material com finalidade pedagógica, é possível identificar duas grandes abordagens educacionais: uma mais tradicional e outra mais renovada.

É importante, neste momento, refletir acerca das características de cada uma delas, de modo a subsidiar a escolha da abordagem que vai orientar a produção do material.

Cabe destacar que as duas abordagens consideradas neste texto são utilizadas com bons resultados em diferentes situações de ensino, seja presencial ou não, e em diferentes níveis, como educação infantil, ensino fundamental, ensino médio ou na educação superior (LDB nº 99.394/1996). Os bons resultados da ação educativa residem na coerência entre a abordagem de ensino e o trabalho educativo a ser realizado. Para garantir tal coerência, o profissional deve considerar alguns aspectos importantes do material que será produzido, tais como: os objetivos, a natureza, a área do conhecimento, o perfil do autor, entre outros.

Na abordagem tradicional, o usuário é capaz de armazenar e reproduzir conhecimento. O FOCO DO PROCESSO É A INFORMAÇÃO QUE SERÁ TRANSMITIDA. Nesse sentido, o conteúdo do material produzido é mais relevante do que as possibilidades cognitivas que o usuário possa realizar. O conteúdo é definido e transmitido de forma igual para todos os usuários que tiverem acesso ao material, pois eles serão capazes de reter o conteúdo na mesma medida.

Na abordagem renovada, o conhecimento não é transmitido, mas construído por cada usuário a partir de suas reflexões e de suas experiências vividas, de sua história de vida. Nesse caso, o usuário é capaz de elaborar seu conhecimento de forma única e inovadora. Se a abordagem renovada for utilizada para a produção do material educativo, caberá a esse material desenvolver diferentes formas e estratégias para a compreensão da realidade ou da temática do material. Tais estratégias podem ser baseadas no ensaio e no erro, na pesquisa, na observação e em outras atividades criativas e instigantes.

Cada usuário, portanto, seguirá um percurso diferente para elaborar seu próprio conteúdo. Nesse caso, a abordagem deve priorizar o potencial de um material que permita ao usuário aprender a aprender, a estimular a criatividade, a reflexão, a análise ou a síntese, a comparação, entre outras funções cognitivas humanas.

Como é possível identificar, são duas abordagens diferentes, uma não é melhor nem pior do que a outra. A força e o valor da abordagem educativa residem, como já foi apontado anteriormente, na coerência entre a abordagem e o material a ser produzido. Por esse motivo, a sensibilidade do profissional e seu conhecimento sobre o tema a ser desenvolvido pelo material são fatores importantes para uma boa escolha e, assim, para a garantia de melhores resultados.

A criação com o objetivo educativo

Visão sistêmica do design

A visão sistêmica para a definição do design do material é muito importante, uma vez que possibilita a identificação das relações entre os elementos constitutivos de um planejamento.

Para que os profissionais da área de criação e multimídia possam utilizar as contribuições da área da educação, é possível estabelecer uma relação direta entre os elementos do planejamento e o design do material a ser produzido.

Antes de iniciar o processo de planejamento, é preciso identificar o público-alvo e suas características, seus interesses, suas necessidades, seu perfil e tudo mais que possa contribuir para que o material atinja seus objetivos. É o público-alvo quem define os critérios para produção do material, e não o interesse e gosto de quem o produz. Essa diferença é relevante, o foco é o usuário e não a equipe de produção.

Identificado o público-alvo, a próxima etapa é definir os objetivos do material por meio de respostas claras sobre *o para quê* servirá tal material. Imagine que uma criança não sabe amarrar os sapatos, e, depois de entrar em contato ou interagir com o material, ela aprenderá a fazê-lo. Considere, para definir os objetivos,

> *qual será a mudança no comportamento, no pensamento, no conhecimento ou na atitude do usuário em relação à* **temática do material**.

Acredita-se que quanto mais claros forem os objetivos, tanto mais fácil será tomar as decisões seguintes para a produção.

Somente depois de identificado o público-alvo e suas características, é que será discutido qual o conteúdo a ser veiculado e qual sua amplitude. O conteúdo refere-se ao saber ou às informações que serão trabalhadas no material.

Finalmente, chega-se à parte da definição das estratégias, e, nesse ponto, todo o saber do profissional de multimídia será utilizado. As estratégias englobam desde as mídias até a organização e a sequência em que elas serão utilizadas para gerar a aprendizagem.

Com esse processo de tomada de decisão, a produção do material assume uma outra dimensão: passa a gerar aprendizagem para o usuário, em vez de apenas veicular informações.

Tecnologia educacional

Neste texto, o conceito de tecnologia educacional restringe-se aos recursos multimidiáticos utilizados em situações educacionais em salas de aula, cujo processo é presencial. Isso significa que a orientação do processo de ensino e de aprendizagem acontece quando os usuários estão fisicamente próximos ao professor ou a um profissional que orienta o processo e utiliza os recursos de forma auxiliar. Não caberá, portanto, ao próprio material realizar a orientação; nesse caso, é o professor ou o profissional que definirão as contribuições do material e em que momento ele será utilizado, de modo a atribuir-lhe o valor pedagógico.

Podem-se incluir nessa categoria os vídeos, as músicas, o uso da televisão, os softwares educativos, as imagens e até os diversos recursos disponíveis na internet.

Cabe destacar que, nesse caso, a mediação da aprendizagem não é feita pelo material, mas por um profissional que utiliza recursos midiáticos para construir estratégias de compreensão da realidade.

Educação a distância (EAD)

EAD e *e-learning*

A educação a distância não é uma novidade na área educacional como muitos profissionais consideram. De fato, a educação a distância data da década de 1940, quando muitas pessoas, residentes em lugares distantes, realizaram cursos técnicos com material impresso e kits distribuídos em toda extensão do território nacional por meio dos serviços de correio. O Instituto Universal Brasileiro, criado em 1941, foi um dos pioneiros no ensino a distância em nosso país.

A partir da década de 1990, com o advento da internet comercial, a educação a distância passou a fazer uso da mediação tecnológica, esta, sim, uma grande inovação na área educacional que vai influenciar muitas concepções e práticas no ensino geral e na produção e no material multimidiático para uso educacional.

A expressão *e-learning* é utilizada especificamente para os processos educativos nos quais os participantes estão fisicamente distantes e a mediação do processo de ensino e de aprendizagem é feita por recursos tecnológicos. A educação com essa característica é amplamente utilizada nas empresas e no mundo corporativo.

Cabe destacar que a educação a distância mediada por computadores está alinhada com o cenário atual, na medida em que se identifica uma intensa produção, geração e divulgação de conhecimentos, assim como sua obsolescência, a possibilidade de construção coletiva e em rede de novos saberes. Assim sendo, novas relações estabelecem-se entre professores e alunos, entre pesquisadores e comunidade. A tecnologia, de acordo com Pierre Lévy (1999), configura-se como o suporte digitalizado da comunicação e da informação capaz de gerenciar todo o fluxo da informação e da comunicação no contexto atual, além de possibilitar uma relação interativa com o saber.

Nesse contexto, a educação está pautada na participação e na co-autoria. Dessa forma, a aprendizagem será baseada na construção do conhecimento em rede, estimulando o desenvolvimento das competências comunicativas e dos processos colaborativos.

Também assumem grande importância nos processos a distância os materiais didáticos, as mídias educativas, os textos impressos e o ambiente virtual de aprendizagem (AVA) para a concepção do desenho pedagógico de um projeto educativo que não exija a presença física do indivíduo.

Nesse caso, o material produzido com finalidade educacional deve propor situações-problema que provoquem e incentivem as funções cognitivas e mobilizem as inteligências múltiplas e coletivas na experiência do conhecimento.

Percurso **histórico**

De acordo com Vianney (2005), podem-se identificar os seguintes ciclos de educação a distância: o ensino por correspondência, o uso do rádio para programas educativos (radioeducação), a teleducação, o uso da internet a partir da década de 1990, a utilização dos equipamentos e recursos de videoconferência e, finalmente, a teleducação por TV digital, a partir de 2006.

Pode-se identificar que os diferentes ciclos não são excludentes, e, ainda nos dias atuais, é possível trabalhar com os diferentes recursos que caracterizaram cada ciclo.

Também é possível definir quatro gerações da educação a distância a partir das formas de utilização e combinação de diferentes recursos que caracterizam essa forma de aprendizado em cada ciclo descrito anteriormente.

A primeira geração baseia-se em textos impressos ou escritos à mão; a segunda geração é caracterizada pelo uso da televisão e do áudio. A terceira geração de EAD é caracterizada pela utilização multimídia da televisão, do texto e do áudio e, por fim, a quarta geração que organiza os processos educativos em torno do computador e da internet.

Material e aprendizagem

Diante dos novos desafios da EAD, a produção de materiais para os processos de aprendizagem desenvolvidos em ambientes virtuais de aprendizagem assume papel importante, assim como o design instrucional do evento educativo, uma vez que todo material é previamente elaborado. Por esse motivo, os processos de ensino devem ser também previamente planejados e organizados, a fim de criar condições efetivas para a aprendizagem do usuário. Entende-se como planejamento a análise do contexto, de modo a possibilitar a reflexão acerca das condições nas quais o processo educativo se desenvolverá e, assim, prever formas alternativas de ação para o alcance dos objetivos (Haidt, 2003).

É preciso considerar que na modalidade a distância, na maioria das vezes, utiliza-se um ambiente virtual que, por si só, não se configura como gerador de aprendizagem. As condições de aprendizagem emergem à medida que os recursos do ambiente são explorados de forma coerente com o objetivo do evento educativo e com as características da área e do conteúdo. Nesse sentido, além do conhecimento pleno da área em que o evento educativo está inserido e das ferramentas disponíveis no ambiente virtual, é importante que o profissional explore alguns aspectos, tais como: criatividade, lógica, visão inovadora, diferentes formas de exploração do ambiente, linguagem argumentativa e dialógica, bom humor, afetividade, objetividade, clareza, caráter investigativo e funcionalidade das ferramentas no ambiente virtual.

As ações desenvolvidas para a gestão da aprendizagem em situações não-presenciais estão diretamente relacionadas com os seguintes aspectos: design instrucional do evento educativo, sistema tutorial e produção do material didático. Tais ações são compostas pela articulação de estratégias que visam garantir a melhor oferta para a formação profissional e humana sintonizada com os contextos social, econômico e cultural, e também com um processo de ensino e de aprendizagem adequado às necessidades e expectativas do público-alvo (Sartori e Roesler, 2005).

Considerações finais

Finalmente, o profissional da área de criação assume um papel importante na produção de material educativo no contexto atual, uma vez que o professor não possui mais o monopólio das informações e do conhecimento. As pessoas têm acesso ao saber no mundo e por meio de diferentes veículos que possibilitam a aprendizagem. O material multimidiático é significativo para a geração de conhecimentos, e o profissional de criação passa a integrar equipes multidisciplinares que planejam, produzem e implementam processos educativos a distância. Esse novo desafio amplia as competências profissionais e comunicativas, inserindo o profissional em um novo contexto e atribuindo-lhe novas responsabilidades diante da educação deste novo século.

Referências

HAIDT, R. C. C. *Curso de didática geral*. São Paulo: Ática, 2003.

LÉVY, P. *Cibercultura*. São Paulo: Editora 34, 1999.

SARTORI, A.; ROESLER, J. *Educação superior a distância*: gestão da aprendizagem e produção de materiais didáticos impressos e on-line. Tubarão: Unisul, 2005.

PLANEJAMENTO DE COMUNICAÇÃO:
A ARTE DE CRIAR

Selma Felerico

CAPÍTULO

NOVE

PLANEJAR PARA SEMPRE...

COMUNICAÇÃO **INTEGRADA**

QUAIS SÃO AS ETAPAS DO **PLANEJAMENTO DE COMUNICAÇÃO?**

ANÁLISE DE OPORTUNIDADES E AMEAÇAS

PARA CONCLUIR O PENSAR EM COMUNICAÇÃO

Planejar **sempre**...

Trabalhar com planejamento de comunicação exige renovação. Um contínuo processo de (re)criação com soluções e mensagens que devem ser lançadas ao mercado atualmente. Algumas palavras não podem faltar em um roteiro de trabalho: disposição, insistência, renovação, reciclagem, originalidade e continuidade.

- *Disposição*: para um levantamento preciso de todas as informações de mercado, do macro e do microambiente, onde a empresa e o produto estão inseridos.
- *Insistência*: nem sempre é fácil continuar. Quando vemos que os problemas se arrastam e que as condições da empresas não são favoráveis, é mais fácil desistir, daí, o grande mérito para quem insiste com suas ideias, principalmente apostando em coisas novas.
- *Renovação*: uma palavra-chave na sociedade contemporânea. Um verdadeiro mantra na publicidade. É necessário repetir essa palavra diariamente. Devemos nos convencer de que sem renovação podemos desaparecer da mente do consumidor, por mais fiel que ele seja.
- *Reciclagem*: além de plástico, papel, vidro e metal, as pessoas também reciclam. Precisamos estar em constante processo de aprendizado, com cursos, pesquisas e os mais variados estudos, enfim, aprimorar sempre não apenas técnicas de comunicação e produção tecnológica, mas também conhecer profundamente o comportamento do consumidor. Vale ressaltar que o consumidor também se renova.
- *Originalidade e continuidade*: ser único, ou seja, impactar, tocar as pessoas. Ser diferente, mas nunca estranho. Nesse aspecto, é preciso muito cuidado. Com a intenção de sermos originais sempre, às vezes interrompemos o processo de continuidade de comunicação de uma marca.

Um dos maiores desafios que o mercado, em geral, enfrenta hoje é o inevitável acúmulo de informações comerciais e mensagens publicitárias que o consumidor recebe diariamente.

*Alguns **autores de comunicação e de marketing** chegam a falar em uma recepção de mais de três mil mensagens diárias. O consumidor consegue reconhecer oitenta delas, mas retém apenas doze.*

***Acredito** que as pessoas são "bombardeadas" por muitas informações, de todos os lados, a todos os minutos, diariamente, o tempo todo. Por isso, acho que você precisa saber falar com esse consumidor e passar a sua mensagem de maneira rápida, simpática e eficiente, e isso pode ser através de imagens ou textos. Isso não significa que não podem ser longos objetivos, convidativos, instigantes. Textos que certamente prenderão a atenção do leitor.* (Leiria, 2006, p. 125)

É uma luta incansável, e, por isso, o planejamento deve ser preciso. Não há lugar para empolgação. As grandes ideias devem ser embasadas em pesquisas, e, quando possível, pré-testar as mensagens com grupos de consumidores-alvo é um bom caminho a ser tomado.

A partir da década de 1950, as empresas sentiram necessidades de mudanças na área de marketing, o produto deixou de ser a única preocupação das organizações, e a comunicação passou a ocupar um espaço cada vez maior nos planos estratégicos, principalmente nas etapas de lançamento de novos produtos no mercado. Após a Segunda Guerra Mundial, surge a comunicação de massa cujo papel era informar ao maior número de pessoas possível os novos produtos e serviços produzidos. A indústria cresceu assustadoramente e tornou-se cada vez mais necessário apresentar aos consumidores as novidades e também ensiná-los a acompanhar os avanços industriais e tecnológicos.

No final do século XX e principalmente início do XXI, quando a comunicação se tornou virtual, as empresas passaram a rever suas formas de comunicação. É necessário buscar novas ferramentas para melhor expor os produtos e as marcas na mídia e mesmo no ponto-de-venda. Enfim, como criar peças publicitárias para impactar os consumidores e atingir os objetivos mercadológicos definidos para o produto?

Acho que as pessoas leem o título. Se o produto interessa a elas, leem o texto. E penso que é normal que isso aconteça, as pessoas têm pouco tempo para ler jornais e revistas, não vão ficar lendo anúncios. (Junqueira, 2006, p. 125)

Comunicação integrada

> Um novo modelo de comunicação passou a ser necessário.

Já não é mais eficiente comunicar de forma massificada e alinhada mensagens padronizadas a toda a sociedade. As mercadorias e os estabelecimentos comerciais crescem em diversidade e em escalas de produção. Hoje, uma metrópole não consegue contabilizar o número de produtos similares, lojas de vestuário e acessórios, salões de beleza, centros comerciais, cafés, restaurantes, entre outros, que nascem semanalmente na sua região. Assim, os planejamentos estratégicos de marketing passaram a buscar nichos de mercado, os públicos são segmentados. Torna-se necessário conversar com grupos cada vez mais dirigidos.

Segundo Wolton (2005), comunicar significa compartilhar. Outro significado é "transmitir". Em escala humana, queremos compartilhar. A diferença entre compartilhar e transmitir está no fato de que podemos transmitir sem compartilhar. Mais ainda,

comunicar não é apenas expressar, mas também deixar que o outro responda e que seja ouvido.

Eis a interatividade. Deve haver diálogo. O verdadeiro elogio da comunicação é o diálogo. É também o seu desafio, sua dificuldade. O diálogo exige retorno.

*Hoje, a **comunicação passa necessariamente pelas novas tecnologias**, que proporcionam uma relação inovadora entre a organização e seus públicos de interesse. Vale ressaltar, no entanto, que essa tecnologia é bastante nova, e que os processos de aprendizagem e de adaptação dependem muito de como a organização planeja a sua comunicação. Planejar a comunicação exige interação, unificação de mensagens, instruções, boa vontade e envolvimento de todos os colaboradores. Para que isso seja possível, é necessária uma comunicação integrada.* (Lupetti, 2006, p. 15)

A comunicação integrada de marketing propõe que as empresas adotem mais intensamente ferramentas de comunicação – propaganda, promoção de vendas, relações públicas, *merchandising*, marketing direto – de forma mais eficiente e eficaz. É fundamental criar um canal de comunicação com os diferentes públicos que se relacionam com uma empresa, como funcionários, fornecedores, investidores, formadores de opinião e consumidores em geral, para assim fazer parte da atenção seletiva das pessoas, ocupando um espaço positivo na mente dos indivíduos.

> Um nome lembrado, um produto pretendido e uma empresa bem-aceita pela comunidade são os principais objetivos do marketing, tão importantes como vender cada vez mais.

Considerada parte integrante da gestão estratégica, a comunicação integrada abrange as comunicações: institucional, administrativa, interna e mercadológica. Os quatro programas devem trabalhar de forma conjunta, integrados entre si e com os demais programas da empresa, tendo em vista os vários objetivos gerais de organização e, ao mesmo tempo, os objetivos específicos de cada programa.
(Lupetti, 2006, p. 17)

A marca funciona como nome próprio que, como todo o nome próprio, indica uma ascendência e origem, passando a funcionar como símbolo de origem. Ela tem o poder de identificar, no produto ofertado, a empresa vendedora que o produz, marcando esse produto com a insígnia da distinção. Trata-se de um algo mais, um sinal alçado à categoria de símbolo representativo de uma organização para o consumidor. (Perez, 2004)

A importância da marca, o aperfeiçoamento tecnológico na produção e na distribuição dos produtos e serviços e a utilização cada vez mais frequente da comunicação integrada fazem com que as empresas, principalmente do setor de varejo, se voltem para a experiência do consumidor diante dos produtos. É imprescindível sentir prazer na hora da compra.

Hoje, com a grande diversidade de produtos oferecidos e o excessivo número de mensagens publicitárias a que os indivíduos são expostos, os profissionais de marketing devem cada vez mais encarar o processo de tomada de decisão do consumidor como a solução direta do problema da empresa e assim prolongar sua existência no mercado.

*A **Comunicação Integrada** é responsável por uma forte identidade da marca com o mercado, interligando todas as mensagens que ajudam a formar sua personalidade única, determinando o seu DNA e diferenciando-a da concorrência para ganhar a preferência dos consumidores. Ela, portanto, passa a ser o elo de todas as ações de um programa, conduzindo-as para que o contato com a marca, por parte do consumidor, possa acontecer sempre de forma coerente. Essa integração ultrapassa os limites da comunicação, envolvendo as ações de marketing e a estrutura das empresas para que possam estar em sintonia, trabalhando dentro do mesmo ritmo, harmoniosamente, em toda a cadeia produtiva.*
(Correa, 2006, p. 215)

Regina Blessa (2001, p. 15) comenta a preocupação dos profissionais de comunicação com a maior integração entre consumidor e varejo: "o consumidor precisa interagir com o produto e o ponto-de-venda para sentir-se presente, participante e dentro de um espaço totalmente voltado para suas aspirações e necessidades". Segundo Bernd H. Schmitt (2002, p. 31-32), o processo de decisão do consumidor envolve três etapas: inicialmente, temos o reconhecimento da necessidade – o consumidor percebe uma lacuna entre o real e o desejado e busca suprir essa falta; em seguida, vem a busca pela informação – o indivíduo procura a informação, seja externa (meios de comunicação, lojas, amigos) seja interna (valendo-se de sua memória, seu repertório de conhecimento); e finalmente a avaliação das alternativas – o consumidor avalia a sua escolha, valendo-se dos benefícios do produto desejado.

> O marketing experimental tem como foco as experiências do consumidor em uma loja. São criados estímulos para avivar os cinco sentidos – olfato, visão, paladar, tato e audição – e despertar emoções agradáveis no consumidor.

Como a comunicação sempre ressaltou as características e os benefícios funcionais dos produtos e serviços, os consumidores passaram a assimilar as mensagens publicitárias como coisas normais. Cada vez mais, urge a necessidade de tocá-los pelos sentidos. Todos querem obter uma boa experiência. Devemos lembrar que os consumidores são indivíduos comuns, que reagem de forma racional e emocional. As sensações positivas deixam marcas profundas em nossas mentes, que podem ser avivadas a qualquer momento, principalmente na hora da compra.

As campanhas publicitárias veiculadas em comunicação de massa devem também ter objetivos e linguagens diferenciados.

Outro avanço importante no planejamento de comunicação é o direcionamento da mensagem não apenas para o consumidor final. Principalmente no século XXI, os profissionais de marketing e comunicação têm dado maior atenção a outros públicos, como o *stakeholder* ou, em português, parte interessada. São *stakeholders* todos os envolvidos em um processo, como clientes, colaboradores, investidores, fornecedores, imprensa, comunidade etc.

Quais são as etapas do planejamento de comunicação?

O processo de comunicação exige um emissor (empresa/produto/marca) que se dirige a um receptor (consumidor, cliente, prospectivo) por meio de um canal (mídia) com um código (mensagem), sempre com o propósito de obter uma resposta (compra, opinião, lembrança). Mas é preciso ter cuidado com o rompimento nesse processo. O ruído, isto é, a interferência, pode quebrar a comunicação entre a empresa e o consumidor, como as mensagens da concorrência, os discursos adversos na mídia, entre outros: "Cada peça tem um tipo de texto diferente, isso pode acontecer até mesmo dentro de uma única campanha, porque essas peças alcançam o consumidor em diferentes momentos e diferentes formas" (Junqueira, 2006, p. 124).

Para que esse processo se cumpra, é necessário um planejamento de comunicação, utilizado por empresas e agências de comunicação, para dar suporte aos objetivos mercadológicos do produto/marca. Podemos dividir esse trabalho em três grandes etapas: levantamento de informações, análise das oportunidades e ameaças, e definição da mensagem e do *mix* de comunicação.

O planejamento pressupõe um conhecimento amplo sobre administração, marketing e comunicação para aqueles que pretendem se dedicar à área da comunicação. Exige disciplina e pensamento lógico, precisa de mentes abertas e flexíveis para mudar quando necessário, além de humildade profissional para não assumir a postura de dono da verdade (Correa, 2006, p. 229).

Levantamento de **informações**

O levantamento de informações é uma espécie de radiografia da empresa e do produto. Esse trabalho deve começar na empresa, para depois atingir o mercado. O histórico de comunicação do produto não deve ser esquecido. Analisar as campanhas publicitárias feitas até hoje é conhecer a voz da empresa no mercado. E também é um grande passo para reciclar, inovar e impactar novos consumidores.

O mercado externo — fatores políticos, econômicos, socioculturais, tecnológicos, ambientais, entre outros — também deve ser analisado. Nem sempre podemos interferir. Dados sobre o segmento e onde o produto está inserido, como dimensionamento da demanda atual e futura, potencial de mercado, consumo por perfil de cliente, por região ou por outros critérios, e outras informações que possam determinar o mercado em foco são fundamentais. Esses dados servem de base para alinhavar um pensamento estratégico. Não devemos nos esquecer de analisar o comportamento de compra do consumidor: processo de compra, motivação para aquisição de produtos etc. Segundo Castellon (2008), as formas tradicionais de pesquisas de mercado não funcionam mais como antes. A discussão em grupo, em uma salinha com espelho, por exemplo, já é uma estratégia ultrapassada. Existem modelos que se assemelham mais a *lounges*, que têm a função de aproximar mais as pessoas.

> _As agências e os institutos de pesquisas estão contratando profissionais de outras áreas, como sociólogos, antropólogos, especialistas, entre outros.

Uma das formas de fazer essa análise é comparar o produto/serviço com a atuação da concorrência no mercado sob o ângulo dos 4Ps: produto ou serviço, preço, praça (sistema de distribuição e a situação no ponto-de-venda), e propaganda ou promoção (ações de comunicação ou divulgação).
(Correa, 2006, p. 235)

Enfim, um estudo comparativo do produto e da concorrência é essencial no processo de levantamento de dados.

Análise das oportunidades e ameaças

Em posse das informações, é necessário organizá-las. Devem-se identificar os pontos fortes e fracos da empresa e detectar as oportunidades e ameaças que o mercado oferece. Surge então a conhecida matriz SWOT (*strengths, weaknesses, opportunities* e *threats* — pontos fortes, pontos fracos, oportunidades e ameaças) que tem como função traçar uma análise da situação atual do negócio. Esse sistema deve ser refeito regularmente, sempre de acordo com a velocidade com que o ambiente, o setor e a própria empresa mudam

"A correta definição dos problemas e oportunidade é uma tarefa difícil, mas importantíssima para se chegar a um bom diagnóstico da situação. Esse diagnóstico será a base para a determinação dos objetivos e das estratégias necessárias para a sua consecução"
(Correa, 2006, p. 240)

Definição da mensagem e do *mix* de comunicação

Enfim, chegou a hora de aplicar os conceitos de criação às ferramentas de comunicação. Não se deve esquecer que existem vários públicos (*stakeholders*) e vários consumidores (segmentação) a serem contemplados. É necessário que eles sejam contemplados e impactados de diversas formas. O produto deve entrar na vida das pessoas de maneira agradável, pois uma imagem negativa vale mais do que mil palavras.

Para concluir o pensar em comunicação

Planejar é a arte de pensar e de viver. Planejar é antever os problemas. Planejar é buscar as soluções. Planejar é conhecer o mercado e seus produtos. Planejar é lançar ideias e novas ações. Planejar é ser entendido pela sociedade. É preciso deixar clara a mensagem de cada peça. Todas as ferramentas de comunicação devem ser utilizadas em uma campanha integrada. O desafio é como atrair esse consumidor, já tão assediado diariamente por mensagens emocionais, racionais e até subliminares. Cada vez mais o mercado tem de encontrar formas originais e criativas de comunicação.

Eu acho que tem que ter uma integração, não só integração na criação, mas entre mídia, criação, atendimento, etc. Todos estão atrás do mesmo objetivo que é oferecer soluções para o cliente e, se temos um objetivo em comum, por que não trabalhar em conjunto? Hoje os clientes estão precisando cada vez mais de soluções que sejam diferentes, que chamem a atenção, causem comentários, notícia, mas que não custem uma fortuna. Uma ideia que saia do convencional, desde a sua concepção até a sua realização. E, na maioria das vezes, para que elas sejam concretizadas é necessária a união entre os departamentos da agência. (Bahu, 2006, p. 127)

Este texto não se propõe a encerrar o assunto sobre o planejamento de comunicação, pelo contrário, sua intenção é abrir caminhos para o aprofundamento de novas abordagens sobre o tema.

Referências

BERTOMEU, J. V. *Criação na propaganda impressa*. São Paulo: Cengage, 2006

BERTOMEU, J. V. *Criação na redação publicitária*. São Paulo: Mercado de Idéias, 2006.

BLESSA, R. *Merchandising no ponto de venda*. São Paulo: Atlas, 2001.

CASTELLON, L. A reinvenção do planejamento, *Meio & Mensagem*, São Paulo, 11 ago. 2008.

CORREA, R. *Comunicação integrada de marketing*: Uma visão global. São Paulo: Atlas, 2006.

LUPETTI, M. *Gestão estratégica da comunicação mercadológica*. São Paulo: Thomson, 2006.

PEREZ, C. *Os signos da marca*: Expressividade e sensorialidade. São Paulo: Thomson, 2004.

SCHMITT, B. H. *Marketing experimental*. São Paulo: Nobel, 2002.

WOLTON, D. *A comunicação de massa como condição para a democracia*. 2005. Disponível em: http://www.observatoriodaimprensa.com.br/artigos. Acessado em 19 ago. 2008.

BASES PSICOLÓGICAS DA CRIAÇÃO PUBLICITÁRIA VISUAL

Marina Alves

CAPÍTULO

DEZ

BASES NEUROLÓGICAS DA
ATENÇÃO NA GERAÇÃO DE IDEIAS

ATENÇÃO

A PERCEPÇÃO NO
CAMPO DA CRIAÇÃO

ESCOLA **DA GESTALT**

MEMÓRIA   EMOÇÃO

Introdução

Durante muito tempo, o homem concentrou-se muito mais em obter o controle de suas paixões do que no conhecimento de suas emoções. A partir do momento em que foi exposto o problema da natureza das emoções, torna-se claro que fique sensibilizado pela dupla face da emoção que sua experiência lhe apresenta, por um lado, uma confusão afetiva, por outro, um transtorno orgânico.

A ideia de que a emoção não deva ser considerada um estado psíquico, mas uma resposta do organismo a uma situação, já era apresentada na obra de Darwin. Para ele, muitas reações emotivas se explicarão porque representam um vestígio de atos que foram utilizados em uma fase anterior da evolução. Segundo essa teoria, há uma coordenação instintiva entre o ato de perceber e as reações do organismo, portanto a percepção implica não só o processo de perceber o objeto como tal, mas com seu valor emotivo.

Com base nessa linha de pensamento, pode-se considerar o processo criativo como imbuído de conteúdos orgânicos e emocionais, tendo como ponto de partida a percepção em caráter neuropsicológico.

> _A personalidade, as motivações, os conteúdos aprendidos e o contexto sociocultural vêm também influenciar de forma significativa no processo criativo.

*A **produção de imagens** nunca cessa enquanto estamos acordados e continua até mesmo quando dormimos e sonhamos (...) as palavras impressas que você tem diante dos olhos são primeiramente processadas por você como imagens verbais antes de promoverem a ativação de outras imagens desta vez não-verbais, com as quais os conceitos que correspondem as minhas palavras podem ser exibidos mentalmente.* (Damásio, 2000, p. 403)

*As **imagens que cada um de nós vê em sua mente** não são cópias do objeto específico, mas imagens das interações entre cada um de nós e um objeto que mobilizou nosso organismo, construídas na forma de padrão neural segundo a estrutura do organismo. O objeto é real, as interações são reais e as imagens são tão reais quanto uma coisa pode ser e, no entanto, as estruturas e as propriedades da imagem que vemos são construções do cérebro inspiradas por um objeto. Não há um retrato do objeto que seja transferido da retina e desta para o cérebro. Há isto sim um conjunto de correspondências entre características físicas do objeto e modos de reação do organismo segundo os quais uma imagem gerada internamente é construída. (...) do ponto de vista biológico você e eu somos suficientemente semelhantes para construirmos uma imagem bastante semelhante de uma mesma coisa, podemos aceitar sem hesitar a ideia convencional de que formamos a imagem de uma coisa específica. Mas isso não é verdade.* (*ibidem*, p. 406)

Cada indivíduo tem sua própria imagem do mundo, e esta advém do conjunto de variáveis pessoais e exclusivas do indivíduo, com sua história passada, sua estrutura de personalidade e todo processo dinâmico colocado em ação, que resulta na estrutura cognitiva que permite percepções organizadas e a interpretação da realidade. No que se refere à criação visual, as imagens são construídas, segundo Damásio (2000), quando mobilizamos objetos de fora do cérebro em direção a seu interior e também a partir da memória armazenada anteriormente, isto é, de dentro para fora.

Ainda segundo Damásio, as imagens podem ser conscientes e inconscientes, e nem todas as imagens que o cérebro constrói se tornam conscientes. Existe um nível que se compõe de imagens nas quais você prestou a atenção e nas que você não prestou atenção, e ainda aquelas que se relacionam ao mecanismo neural necessário para manter na memória registros de padrões neurais que incorporam disposições implícitas, inatas e adquiridas.

Assim, compreende-se que a criação da imagem visual provém da atividade do cérebro, porém este é parte integrante de organismos que interagem em meios físicos, biológicos e sociais e que resultam em experiências subjetivas e representações com conteúdos de projeções pessoais e individuais.

Dessa forma, construir uma conceituação psicológica sobre o processo criativo pressupõe uma abrangência de aspectos neurológicos, cognitivos, motivacionais perceptuais e socioculturais.

Bases neurológicas da atenção
na geração de ideias

Toda atividade mental humana organizada possui um grau de direção e seletividade.

*A **atividade criadora** corresponde a uma atividade mental que inclui algumas funções básicas para o seu desenvolvimento.*

Focalizaremos a seguir algumas dessas funções que possibilitam a criatividade: atenção, memória e emoção.

Segundo Brandão (1991), entre os estímulos que nos atingem, só respondemos àqueles que são particularmente importantes e que correspondem aos nossos interesses, às nossas intenções ou tarefas imediatas. Assim, dentre todos os programas de ação que temos armazenado em nosso cérebro, só escolhemos aqueles essenciais ou necessários para realizar uma tarefa ou atividade intelectual imediata.

Atenção

Atenção é o nome dado ao caráter direcional e à seletividade dos processos mentais organizados. A atenção seletiva é um processo complexo com vários componentes, tais como alerta, concentração, seleção, perscrutação e exploração, e inclui atividade cooperativa na formação reticular, no sistema límbico, nas estruturas corticais e subcorticais associadas às funções sensoriais e motoras. Por meio desse processo, obtém-se a vigilância necessária sobre o desenvolvimento de nossas ações.

A atenção é inicialmente uma tensão, um "esforço" do ser vivo, com o propósito de levar a função que exerce ao seu mais alto grau de eficiência.

A atenção foi definida por Paim (1975) como um processo psicológico, mediante o qual concentramos a nossa atividade psíquica sobre o estímulo que a solicita, seja este uma sensação, percepção, representação, afeto ou desejo, a fim de fixar, definir e selecionar as percepções e elaborar o raciocínio.

Ainda segundo Paim, a atenção é um aspecto subjetivo de atividade que compreende a tensão e a excitação, e os limites da atenção estão relacionados à intensidade de estimulação, isto é, a um aumento de estímulo, que deve elevar a sensação a um grau determinado, acima do limiar anterior. Portanto, é um fenômeno de tensão de esforço, concentração da consciência de interesse e focalização.

Quanto à atenção na atividade criadora, Rose (1984) destaca que não se pode tratar a atenção como uma função psíquica autônoma, existe uma relação funcional integrada nesse conceito e diferentes níveis na atividade perceptiva, motora e intelectual.

- *Atenção sensorial*: as principais formas de atividade perceptiva são acompanhadas de uma alteração correspondente a uma atividade de espera, mais estática do que dinâmica, orientada por um aparelho sensorial. Os fenômenos de imobilização ou detenção são próprios da espera pré-perceptiva que resultam de um choque sensorial violento e súbito.

- *Atenção motora*: consiste no aparecimento de movimentos voluntários de uma tensão sensorial e intelectual. Na atenção motora, a consciência está concentrada na execução de uma atividade física e consiste em um alerta às atividades musculares, que devem responder a determinada orientação.
- *Atenção intelectual*: representa o ato de reflexão para a resolução de um problema que implique raciocínio. Dentre os vários fatores que exercem influência no processo de atenção, destaca-se o estado de ânimo no momento, que pode facilitar ou inibir a mobilização da atenção, este é um dos fatores individuais de maior significação no processo de atenção. Apesar de a intervenção de fatores gerais ser constante, os fatores de interesse individuais e transitórios desempenham papel primordial.

Stern (1971) destaca que a seleção consciente realizada pela atenção e o relevo consciente que ela confere aos diferentes elementos do objeto são determinados pela tarefa total, e esta é uma tarefa sensório-motora. Quando uma pessoa depara com uma multiplicidade de objetos, ou estimulações, a atenção está dispersa, e os objetos de atenção recebem pequena quantidade de energia e alcançam grau médio de conscientização. Quando se concentra a atenção em um único objeto, toda energia se orienta no sentido deste, e descobre-se uma série de detalhes que haviam passado despercebidos quando imersos no conglomerado.

Outras definições e conceitos sobre atenção consideram que o ato de concentrar a atenção apresenta dois aspectos:

- Escolher um tema do campo da consciência e elevá-lo ao primeiro plano.
- Manter esse tema rigorosamente perfilado, sem deixar se afetar pelas influências de outros setores do campo da consciência.

A atenção é distinguida de duas formas segundo Paim (1975):

- *Atenção espontânea*: consiste na tendência natural da atividade psíquica a orientar-se para as solicitações sensoriais e sensitivas.
- *Atenção voluntária*: exige esforço para orientar a atividade psíquica para determinado fim.

A afetividade está presente em ambas as formas de atenção, entretanto é mais participativa na direção da voluntária. Além disso, o grau de concentração da atenção depende, em grande parte, do estado de ânimo e das condições gerais do psiquismo.

Para que haja a percepção visual, é necessário um mecanismo de integração pelo qual o cérebro momentaneamente associe as informações que estão sendo processadas independentemente em diferentes regiões corticais com conteúdos já internalizados anteriormente.

Kolb (1977) observou que a atenção visual pode ser mediada por uma ou mais estruturas subcorticais que são particularmente importantes para alguns tipos de atenção focalizada. Em estudos celulares, os processos cognitivos complexos, como atenção, tomada de decisão e criação, estão correlacionados com o padrão de descargas de células individuais em regiões específicas do cérebro. Estudos celulares da atenção visual mostraram que esta implica disparos acentuados de células que respondem ao objeto de interesse, partindo do córtex parietal superior.

Segundo Rose (1984), as atividades cerebrais como atenção, alerta e motivação são desencadeadas em um sistema difuso denominado formação reticular.

No processo criativo, o indivíduo percebe possibilidades de transformar os dados comuns coletados, em seu campo perceptual, em uma nova criação que transcende a mera matéria-prima.

Essas afirmativas correspondem às descobertas neurocientíficas sobre as funções dos hemisférios do cérebro humano. O sistema nervoso trabalha em cruzamento, isto é, o hemisfério esquerdo controla o lado direito do corpo, e o direito, o lado esquerdo. Assim, o lado esquerdo do cérebro controla a mão direita, e o direito, a mão e todas as funções do lado esquerdo. As funções de linguagem e aptidões relacionadas com a linguagem localizam-se principalmente no hemisfério esquerdo da maioria dos indivíduos. Edwards (1984) menciona que chegou a essa conclusão a partir de pesquisas em observações feitas em pacientes portadores de sequelas de lesões cerebrais.

A fala e a linguagem são funções estritamente ligadas ao pensamento e ao raciocínio, funções estas que diferenciam os seres humanos das outras espécies, e, como estão localizadas no hemisfério esquerdo, são denominadas funções dominantes ou do hemisfério dominante. Coincidentemente, observa-se que, em toda história da humanidade, o preconceito com a mão esquerda levava a conotações de virtude referentes à mão direita e de maldade referentes ao lado/mão esquerda: em latim esquerdo é *sinister*, ou seja, sinistro, mau; e direito vem de *dexter*, de onde se originou a palavra destreza, que significa habilidade, aptidão.

Em pesquisas mais recentes, novas informações foram acrescentadas e levaram os cientistas a reformular sua opinião sobre as duas metades do cérebro humano: ambos os hemisférios estão envolvidos no funcionamento cognitivo superior, sendo cada metade especializada de maneira complementar em diferentes modalidades de raciocínio. Existem regiões localizadas nos córtices pré-frontais responsáveis pelo raciocínio, pelas tomadas de decisão e por demais operações intelectuais. Entretanto, sabe-se que as principais divisões conceitualmente utilizadas são entre pensamento e sentimento, intelecto e intuição, análise objetiva do conhecimento e análise subjetiva, conceitos opostos de nossas funções mentais. Dessa forma, observam-se situações em que passamos um dia inteiro tentando resolver um problema de forma racional, colocando aspectos objetivos do problema, e ao dormir damos uma trégua ao nosso cérebro racional, e outras modalidades são colocadas em ação e intuitivamente aparecem as resoluções.

Ambos os hemisférios recebem as mesmas informações sensoriais, porém cada hemisfério tem uma forma de processá-las. O hemisfério esquerdo analisa, abstrai, conta, marca o tempo, planeja, verbaliza, atua racionalmente baseado na lógica. O hemisfério direito compreende metáforas, cria novas combinações de ideias, usa a intuição, a subjetividade e está atento às relações entre as partes e às conexões com a emoção e os sentimentos.

Compreende-se dessa forma o perfil do profissional de criação. Pode-se visualizá-lo, deixando-se entregar à fascinação da produção criativa, esquecendo-se do tempo, viajando em suas ideias e tendo grandes *insights* durante uma noite de sono.

*O **hemisfério direito** não tem um controle verbal muito bom. Não é capaz de emitir proposições lógicas (...) não é capaz de observar sequências, de começar pelo começo e prosseguir passo a passo. Pode começar pelo meio ou pelo fim, ou atacar toda a tarefa de uma vez só. Além disso, não tem uma noção muito boa de tempo.*
(Edwards, 1984 p. 49)

A percepção no campo da criação

O corpo e a mente estão em contato direto com o meio ambiente, e o caminho para essa interação é o aparelho sensorial.

O ambiente deixa marcas no organismo por meio da estimulação da atividade neural dos olhos, ouvidos, das terminações nervosas localizadas na pele, nas papilas gustativas e na mucosa nasal.

O organismo responde ao ambiente que o estimulou por meio de movimentos resultantes de todo o corpo. As sensações recebidas pelos órgãos dos sentidos promovem alterações no equilíbrio mental que busca a compreensão desses estímulos por meio de sua interpretação, fundamentando-se em aprendizagem e experiências anteriormente armazenadas sobre essas estimulações.

Segundo Gade (1980), a percepção é o processo de recepção de estímulos e interpretação destes por meio de mecanismos cognitivos e percepções anteriormente armazenadas na memória, influenciadas por valores, atitudes e características pessoais.

Considera-se aqui o importante papel da subjetividade e das projeções mentais e especialmente do conjunto de mecanismos de defesa presentes na estrutura de personalidade do profissional de criação, que trava luta constante entre seus conteúdos subjetivos e as exigências do mercado de consumo. Além disso, temos ainda as distorções perceptivas, resultantes muitas vezes desses processos subjetivos que acabam por levar a interpretações das informações com suas intenções pessoais.

A escola da *Gestalt*

Escola de psicologia experimental que teve origem em 1910 com Wertheimer, Kholer e Kofka, na Universidade de Frankfurt. Essa corrente de pensamento busca compreender como as pessoas recebem os estímulos do mundo e do ambiente que as rodeiam. Conhecida como a psicologia da forma, a *Gestalt* tem auxiliado os profissionais de marketing a perceberem que o ícone ou símbolo de uma marca com sua grafia, cor e outros elementos visuais presentes influencia na forma como o percebemos e o interpretamos. O termo *Gestalt* significa "boa forma" para o design industrial e para o design gráfico, e é compreendido como uma tendência da função cerebral a dar uma forma compreensível, completa, sequencial e coerente aos estímulos que chegam ao cérebro.

A excitação cerebral não se dá em pontos isolados, mas por extensão, não existe na percepção da forma um processo posterior de associação de várias sensações, a primeira sensação já é de forma global e unificada. Não vemos partes isoladas, mas relações de dependência, as partes são inseparáveis do todo. Segundo Samara e Morsch (2005), o formato de uma embalagem, as imagens apresentadas em um anúncio, uma etiqueta ou o preço poderão induzir a diferentes comportamentos conforme são construídos e integrados.

A percepção do objeto como um todo unitário, incluindo as sensações e os conteúdos armazenados anteriormente na memória vão resultar na organização perceptiva, portanto a percepção de um produto é maior que a soma das partes ou de seus componentes separados, é o resultado da totalidade dos estímulos, em vez de estímulos individuais. O profissional de marketing deve estar atento no planejamento e na elaboração dos estímulos mercadológicos integrantes da criação como um todo.

A teoria da *Gestalt* vai sugerir uma resposta do por que algumas formas agradam mais e outras não. Essa teoria vem opor-se ao subjetivismo, pois a psicologia da forma se apoia na fisiologia do sistema nervoso quando procura explicar a relação sujeito-objeto no campo da percepção. Todo processo consciente, toda forma psicologicamente percebida, está estreitamente relacionado com as forças integradoras do processo fisiológico cerebral atribuído ao sistema nervoso central, responsável por um processo autorregulador que visa à estabilidade organizando as formas em um todo coerente e unificado, as quais são espontâneas arbitrárias e independem de nossa vontade.

A exemplo dessa dinâmica do funcionamento cerebral, existe o teste de personalidade Rorschach, no qual são apresentados cartões com manchas criadas a partir de pingos derramados no centro da folha branca. Nesse teste, pede-se ao examinando que associe as manchas a um objeto ou animal ou que as relacione a uma imagem mais bem estruturada. Segundo Schwartz (1999), esse instrumento visa basicamente avaliar a estrutura da personalidade de uma pessoa e o funcionamento de seus psicodinamismos. As manchas são totalmente desestruturadas e não favorecem a percepção de uma resposta integrada, porém as pessoas ao interpretá-las tendem a buscar uma forma de representação por meio de um estímulo conhecido, como animal, objetos, seres em movimento, nuvens e mapas. O cérebro humano tem, portanto, essa tendência de organizar estímulos sensoriais, a fim de dar significado a ele.

Paralelamente, segundo Karsaklian (2000), a percepção de um objeto e de suas propriedades como algo constante, não obstante as variações das sensações que recebem dos órgãos sensoriais, é estudada na constância perceptiva da forma.

Em primeiro lugar, os estímulos são percebidos e registrados de acordo com a frequência com que são apresentados. Um jingle, por exemplo, que é tocado constantemente no rádio tem uma probabilidade muito maior de chamar a atenção do que aquele que é apresentado raramente. Em segundo lugar, a intensidade, por exemplo, de um som mais alto é mais bem percebido. Finalmente, os estímulos visuais e o fator movimento têm papel relevante na percepção. Anúncios "luminosos" têm maior poder de fixação e retenção na memória do que os estáticos, portanto a seleção de estímulos móveis se faz com maior intensidade.

Além desses fatores, Gade (1980) menciona que os estímulos são organizados perceptualmente em função de similaridade, proximidade, continuidade e de relações de figura e fundo.

- *Similaridade*: o princípio que afirma que o ser humano tem a tendência a organizar estímulos semelhantes como pertencentes a uma mesma categoria. Adquirimos artigos de qualidade inferior misturados com os de qualidade superior e preço alto se forem semelhantes.
- *Proximidade*: tendência a perceber as coisas e os objetos que se encontram perto como formando um conjunto. Elementos óticos próximos uns aos outros tendem a ser vistos como unidades. Quanto mais curta for a distância entre dois pontos, mais unificação se dará. A proximidade provoca a sensação de pertinência. Se um produto de uma determinada marca for oferecido a bom preço, juntamente com outro produto da mesma marca, os dois serão percebidos como favoráveis. Da mesma forma, quando um produto é considerado como suspeito, outros produtos da mesma marca sofrem com essa generalização. Também a proximidade de tempo faz que as marcas sejam confundidas quando lançadas ao mesmo tempo.
- *Continuidade ou fechamento*: é o princípio que afirma serem as coisas percebidas como um todo. As forças de organização dirigem-se espontaneamente para uma ordem espacial que tende para a unidade em "todos" fechados. Consiste na tendência do ser humano em completar algo incompleto e dar continuidade. Uma vez que algo é sentido como incompleto, resultará em tensão que diminuirá ao se realizar o fechamento. A publicidade frequentemente faz uso desse princípio quando apresenta peças na íntegra inicialmente, e, após uma exposição suficiente para a fixação na memória, reduz a exposição da peça apresentando

apenas detalhes mais significativos, permitindo que essa estimulação desencadeie o todo da informação completa em nível já internalizado anteriormente.

- *Relações de figura e fundo*: o contexto no qual é apresentado um objeto pode influenciar nossa percepção, os objetos são percebidos em relação ao seu fundo, e essa relação faz que o indivíduo chegue a um julgamento.

O processo criativo é por vezes ativado por meio de associações feitas por memórias passadas, e o contexto que desencadeia a ideia tem relações estreitas com esse novo elemento construído. Esse contexto no qual foi gerada a ideia pode ser considerado fundo para o processo de criação, que resulta na figura que é a própria criação.

Portanto, todas as percepções, experiências e todos os aprendizados armazenados funcionam como campo fértil na geração de ideias, são o pano de fundo da semente criativa, palco onde os elementos se inserem e tomam vida própria.

Memória

Toda a atividade psíquica, especialmente a criação, concebe a existência de uma bagagem de informações que são mantidas pela memória a partir de um mecanismo de fixação para alguns conteúdos e rejeição para outros. As impressões que chegam à consciência por meio das sensações e percepções deixam uma impressão mais ou menos duradoura denominada marca mnemônica ou engrama que está sujeita a um desaparecimento progressivo conforme sua utilização. Os estímulos que chegam ao indivíduo podem, portanto, manter-se por algum tempo, como é o caso de conteúdos da criação publicitária que se mantêm na memória, pelo fato de serem apresentados frequentemente ou ainda pelo conteúdo "interessante". A sua preservação pode ser facilitada também por meio de ligações causais entre as representações e associações feitas a conteúdos já existentes na memória.

Inicialmente, para que se estabeleça uma lembrança, é condição indispensável a percepção por meio das representações de um objeto, ideia ou conceito, a qual implica a sensação recebida pelos órgãos sensoriais e a compreensão ou interpretação desses estímulos, condição esta que depende da atenção e do interesse. Kraepelin (*apud* Paim, 1975) considera que a lembrança pode ser conservada por mais tempo quando se percebe claramente a impressão original e quanto mais numerosas forem as conexões com o restante dos conteúdos já armazenados que despertaram o interesse. Os engramas são os conteúdos depositados na memória tanto de forma espontânea como voluntária. Assim, os conhecimentos adquiridos e todos os estímulos recebidos pela memória são resgatados por meio de evocações sucessivas.

Alguns conceitos devem ser conhecidos para melhor compreensão das funções mnêmicas.

O mecanismo responsável pela retenção de estímulos na memória apresenta-se por meio de processos mentais inicialmente determinados pela memória sensorial, que recebe estimulações imediatas que são breves e desaparecem rapidamente ou que podem reter a atenção e ser levadas a outras dimensões, até à memória de curto prazo.

A memória de curto prazo recebe a informação e a mantém temporariamente, a fim de ser utilizada para breves associações. A memória de longo prazo corresponde a um nível de capacidade de armazenamento de conhecimentos capazes de fazer conexões com conceitos e generalizações mais refinadas por meio do princípio semântico, que possibilita ao indivíduo reconhecer e diferenciar um produto a partir das percepções de pequenos detalhes no produto, como cor, sabor e aroma. Além disso, esse princípio possibilita categorizar essas informações.

O princípio temporal organiza o resgate dos conteúdos em uma sequência de tempo, associando uma informação e trazendo de volta na sequência que lhe for mais coerente, como no consumo de produtos vinculados a espaços de tempo ou marcados por ocasiões especiais, sazonais.

Na memória estão contidas todas as lembranças existentes e alguns sinais que permitem a precisão e a extensão das lembranças.

Assim, pode-se observar a importância da fixação da marca como componente perceptual, mas com características específicas que podem ser resgatadas com pequenas associações a cores, formas, músicas ou outros fatores de associação ao produto. Quando um estímulo é depositado na memória, ele pode ser reduzido a um componente sensorial de imagens recebidas. Para reaparecer, basta associá-lo ao logotipo de uma marca. Tais sinais funcionam como alavancas que resgatam na memória conteúdos emocionais e de interesse específico. A capacidade de fixação, que é a função que acrescenta novas impressões à memória, está associada também a conteúdos significativos e à frequência de exposição. Segundo alguns estudiosos, essa capacidade está ligada a experiências vividas pelo indivíduo. Dessa forma, a memória de fixação só ocorre se o consumidor tiver uma experiência vivida com o produto ou cuja imagem possa ser associada a uma experiência concreta. Da mesma forma, a memória de evocação abrange um contingente de imagens anteriormente adquiridas e é determinada pela força de retenção das impressões passadas. Portanto, a fixação e evocação de conteúdos depositados na memória estão condicionadas a conteúdos significativos, daí a atenção que o profissional de criação deve dispensar à linguagem e à construção dos estímulos compreensíveis ao receptor.

As ligações realizadas junto aos conteúdos já depositadas são feitas por meio de reflexos condicionados e incondicionados. Imagens ligam-se a traços de excitações anteriores e aos conteúdos já anteriormente impregnados de significados pessoais.

Pode parecer inconcebível para o profissional de criação detectar os estímulos eficientes capazes de impressionar e levar ao poder de fixação um público diversificado e numeroso, assim a produção publicitária utiliza de argumentos emocionais afetivos que repetidamente têm sido eficazes de geração para geração. Figuras maternais fazem parte do repertório de todo o ser humano. A competição, a cooperação, os atos heroicos, o poder e as atitudes de solidariedade são elementos que sempre se mantiveram em lugar de destaque na produção publicitária, porque já se encontram fixados na memória ancestral da humanidade.

Emoção

Muitas definições são apresentadas de forma coloquial quando usamos o termo emoções para fazer referência a sentimentos e humores e à maneira como estes são expressos, tanto em nosso comportamento quanto nas respostas de nosso corpo. A emoção, a percepção e a ação são controladas por circuitos neurais distintos dentro do cérebro. A alegria, a euforia, o prazer, a tristeza, o desânimo, o medo, a hostilidade, a ansiedade e a calma são emoções que contribuem para a riqueza da nossa vida pessoal.

Segundo Damásio (2000), há dois tipos de situações em que as emoções podem ocorrer: 1. quando um organismo processa determinados objetos ou situações por meio de um de seus mecanismos sensoriais e 2. quando a mente de um organismo evoca objetos e situações e os representa como imagens no processo do pensamento. Certos tipos de eventos tendem mais frequentemente a associar-se a determinado tipo de emoção.

De acordo ainda com Damásio, estímulos que causam felicidade, medo ou tristeza são compartilhados por diferentes indivíduos, mas que fazem parte de um mesmo meio sociocultural.

Dessa perspectiva, o processo criativo não sai ileso de conteúdo pessoal, uma vez que a interação das associações naturalmente feitas com conteúdos já internalizados na memória, seja ela recente ou remota, aciona novos elementos a serem inseridos no meio publicitário. A possibilidade de um caminho traçado pelo briefing traz de volta à mente criativa um padrão de desenvolvimento da peça o mais neutro possível e aparentemente isento de conteúdos pessoais.

*(...) é importante observar que, embora o **mecanismo biológico responsável pelas emoções** seja em grande medida ajustado, os indutores não fazem parte do mecanismo; são externos a ele. Os estímulos que causam emoções não se restringem de modo algum àqueles que ajudaram a moldar nosso cérebro emocional durante a evolução e que são capazes de induzir a emoções em nosso cérebro desde os primeiros momentos da vida. À medida que se desenvolvem e interagem os organismos ganham experiências factual e emocional pelo contato com diferentes objetos e situações do meio e que assim têm a oportunidade de associar diversos objetos e situações que teriam sido emocionalmente neutros aos objetos e situações que naturalmente causam emoções. A emoção e o mecanismo biológico que a fundamenta são o acompanhamento obrigatório do comportamento, consciente ou não. Algum nível de emoção acompanha necessariamente os pensamentos que alguém tem acerca de si mesmo ou daquilo que o cerca. (Damásio, 2000, p. 82)*

Por sua vez, a presença de aspectos emotivos que acionam as associações e conexões com esses conteúdos é inevitável.

Toda bagagem armazenada na memória tem indiscutivelmente um conteúdo emocional que contribui para uma melhor fixação na memória ou para um esquecimento devido a conteúdos traumáticos.

As associações emocionais que acionam a geração de novas ideias não são necessariamente as mesmas emoções que levam o receptor da mensagem ao consumo. Emoções podem ser culturalmente determinadas, porém os níveis de reação são pessoais e subjetivos.

Sob o ponto de vista analítico, são fundamentais as contribuições de Jung no campo da psicologia para a compreensão do processo criativo que, dentre outros atributos, tem o poder de fascinar e coagir o ser humano, impulsionando-o na direção da satisfação de seus instintos. Quando deparamos com o poder dessa força psíquica capaz de poderosas motivações na publicidade, estamos falando de um depósito de conteúdos herdados denominado inconsciente coletivo. O profissional de criação deve se dar conta da poderosa e invisível força do inconsciente tanto na ativação de seus conteúdos na criação publicitária quanto na recepção das mensagens pelo público consumidor. Jung desenvolveu a ideia do inconsciente coletivo que contém imagens arquetípicas (universais), que são materiais depositados de geração para geração e que nos levam até as origens da espécie humana, que são as mesmas para todas as pessoas. Essas imagens funcionam como instintos que influenciam e controlam o comportamento. Dessa forma,

o inconsciente coletivo é um depósito de traços herdados de um passado ancestral do homem que vem se acumulando em consequência de experiências repetidas durante várias gerações.

Herdamos a possibilidade de reviver experiências das gerações passadas, e essas predisposições nos colocam em pé de igualdade universal. Quando deparamos com uma situação de perigo, nossa reação instintiva é de luta ou fuga. Tal reação repetida durante toda história evolutiva do homem se tornou um conteúdo do inconsciente coletivo, simbolicamente representado por arquétipos que, no caso de enfrentamento, as situações de risco, é simbolizado pelo arquétipo do herói.

Na criação publicitária, por exemplo, quando se caminha na busca por símbolos para ilustrar uma campanha publicitária voltada para artigos esportivos, são ativados esses arquétipos do inconsciente coletivo que simbolizam o herói mítico. Esses elementos são ativados de forma inconsciente e são comuns a todos os seres humanos. Da mesma forma, a exemplo das propagandas de margarina, o arquétipo da mãe responsável, protetora e acolhedora e que emprestou identidade da figura mitológica Deméter é acionado tanto na criação dos símbolos utilizados quanto na recepção da mensagem pelas donas de casa e mães de família.

As emoções desencadeadas são reapresentações de conteúdos arquetípicos inerentes a todo ser humano. O homem é predisposto a ter medo do escuro porque se presume que os primitivos encontraram muitos perigos no escuro e foram vítimas fatais desses ambientes. Esses medos podem não estar presentes no homem moderno a não ser que seja exposto a experiências específicas, embora a tendência exista.

Os arquétipos do inconsciente coletivo denominados por Jung não podem ser percebidos diretamente, funcionam como instintos que guiam e moldam nosso comportamento. O que podemos perceber são expressões do arquétipo na forma de imagens e símbolos arquetípicos.

Segundo Randazzo (1997), tanto Freud quanto Jung acreditavam que havia uma conexão entre as mitologias e o folclore das culturas pré-científicas, mas Jung concebeu que as ideias de imagens arquetípicas representam o vínculo comum entre a mitologia e o folclore. Segundo Jung (*apud* Randazzo, 1997),

> as **imagens arquetípicas** que emergem da psique humana e aparecem nos sonhos são herdadas e são as mesmas imagens que inspiram a mitologia e o folclore (...) As mesmas imagens arquetípicas que aparecem nos meus sonhos brotam da mesma capacidade humana que fez nascer as antigas mitologias entre nossos antepassados.

Nas modernas culturas ocidentais orientadas para o capitalismo e materialismo, vantagens espirituais proporcionadas pelas mitologias não só ajudam o ser humano dando-lhe um sentido de identidade, mas também ajudam as pessoas a entenderem o que é importante e como deveriam portar-se na vida: "Ao mostrar padrões de comportamento arquetípicos ou universais as mitologias são verdadeiras cartilhas para a vida" (Randazzo, 1997, p. 67).

Nos anúncios, a publicidade utiliza-se da criação de mitos que vão se tornando mitos individuais que também contribuem para a mitologia geral da marca e criam mundos simbólicos representativos dos sonhos e das fantasias.

Jung acreditava que a psique inconsciente continha arquétipos que existem em ambos o sexos como instinto agressivo, representado pelo arquétipo do guerreiro, assim como o instinto materno representado pelo arquétipo da grande mãe. Outro arquétipo que domina a cultura ocidental e que é usado frequentemente nas campanhas publicitárias é o da donzela ou musa. Esse arquétipo representa o outro lado da grande mãe, o mito da mulher objeto sexual, a noção de uma mulher sedutora e fatal. A beleza sempre foi um aspecto importante da feminilidade, está ligada à autoestima e é fonte de domínio sobre os homens. Assim, a criatividade é explorada, encontrando terreno fértil no campo das possibilidades do mercado de consumo dos produtos que suprem esses impulsos instintivos vindos do inconsciente coletivo e que está presente em todas as mulheres.

> _As pessoas respondem a um símbolo ou uma imagem arquetípicos não só em nível consciente, como também em um nível emotivo instintivo.

*Ao **criar estes mundos mito-simbólicos**, o diretor de criação e autor precisa recorrer à psique inconsciente, aos seus sentimentos e aos seus instintos em busca de inspiração. As pessoas que criam publicidade precisam sair de suas próprias cabeças, abandonar a sua consciência do dia-a-dia para entrar em contato com sua mente inconsciente. Assim como a poesia, a arte e a música a grande publicidade jorra do inconsciente. Assim como em qualquer mitologia, a mitologia da marca funciona em vários níveis, envolvendo, entretendo, enfeitando a realidade ou informando os atributos e benefícios do produto. Algumas funcionam em nível sociológico para refletir os valores culturais.* (Randazzo, 1997, p. 52)

Outra expressão da mulher guerreira presente nas atuais peças publicitárias que enfatizam a independência, autonomia e autossuficiência feminina é acionada pelo arquétipo representado simbolicamente pela figura mitológica das amazonas.

A sensibilidade amazônica considera o patriarca e os homens inerentemente opressivos. Bachofen (*apud* Randazzo, 1997) afirma que o amazonismo é um fenômeno universal e não se baseia em circunstâncias físicas ou históricas, mas em condições características de toda existência humana. Elementos do amazonismo são frequentemente encontrados em materiais publicitários que apresentam a figura feminina como altas executivas, a mulher responsável por grandes tomadas de decisões, que conduz, dirige e lidera.

Randazzo (1997) menciona ainda as mitologias masculinas representadas pelo "logos" (ordem e razão) e pelos arquétipos do grande pai e do velho sábio (*Senex*), que aparecem em reuniões empresariais, campanhas de convênios médicos, na figura do médico sábio e maduro, pai de família, provedor e protetor. Esses arquétipos são vinculados às figuras mitológicas de Cronos (pai autoritário que devora o filho) e Zeus, o deus masculino, que defende com justiça os fracos: "a mitologia grega revela a luta da humanidade para se livrar do caldeirão primordial e mostra ao mesmo tempo a crescente afirmação da sensibilidade patriarcal" (Campbell *apud* Randazzo, 1997, p. 64).

Outro elemento presente na criação publicitária e que consiste em simples representação simbólica dos arquétipos do inconsciente coletivo é a figura do pai responsável pela iniciação do filho na idade adulta. Esse ritual característico das tribos mais primitivas está presente também nas culturas mais civilizadas, com uma roupagem específica, muitas vezes equipado com carros de último tipo, outras vezes na guerra travada com os monstros dos jogos eletrônicos. Primeiros contatos nas baladas da noite, entrar na faculdade e outras situações são rituais de iniciação que o homem civilizado repete.

O arquétipo do herói-guerreiro inclui traços positivos de independência, coragem e força. O lado espiritual do bom guerreiro é expresso no cientista, no filósofo e no pesquisador em busca da verdade. Os mitos modernos expressam o guerreiro como Super Homem, Homem Aranha, Batman, e, nacionalizando nossos argumentos no campo da propaganda, o "Super 15".

O roteiro da aventura mitológica dos heróis é representado pela sequência separação-iniciação-volta.

Segundo Campbell (*apud* Randazzo, 1997), o herói sai de sua vida cotidiana para aventurar-se em uma região de maravilhas sobrenaturais, ali encontra fabulosas forças e ganha uma batalha decisiva.

No processo criativo, têm estado cada vez mais presentes estes elementos arquetípicos que emanam do inconsciente coletivo do profissional de criação e atingem eficientemente o alvo do inconsciente coletivo e universal do consumidor:

- Ser um guerreiro forte e corajoso, vencedor de batalhas.
- Ser respeitado, admirado e temido pelos outros.
- Ter uma linda esposa fiel que espera sua volta.
- Ter um filho leal que ficará ao seu lado e levará adiante suas façanhas.
- Ter uma bela casa, carro e propriedades.

Esses elementos encontrados frequentemente na produção publicitária fazem parte do universo inconsciente e são ativados e projetados a partir do mundo onírico do profissional de criação, que, antes de tudo, tem um repertório arquetípico que vai ao encontro da expectativa do consumidor, que, por sua vez, tem igualmente seu conteúdo arquetípico.

> Dessa forma, a linguagem publicitária alcança uma totalidade na recepção de sua mensagem, uma vez que, no campo simbólico, "uma imagem fala mais do que mil palavras".

Conclusão

A ativação do processo criativo parece estar vinculada de forma inversamente proporcional à manutenção das funções racionais. Quando de forma folclórica visualizamos a figura do profissional de criação sentado à sua mesa olhando para o nada e produzindo engenhocas com "clipes", podemos relacionar as informações aqui apresentadas.

Toda atividade psíquica que exige o processo atencional e uma vigilância especialmente voltada para o campo da racionalidade, como cálculo, deduções lógicas e concentração em operações matemáticas, parece exigir do indivíduo uma ligação com o mundo concreto.

Diferentemente, a passagem do racional para a ativação do processo criativo está ligada intimamente ao acesso a conteúdos afetivo-emocionais.

A utilização das práxis manuais como auxiliares nessa "desconexão" com o mundo da lógica racional parece ser um dos caminhos que inconscientemente o indivíduo percorre para ter esse acesso aos seus conteúdos emotivos, penetrando no inconsciente coletivo. Observa-se esse fato especialmente nas produções artísticas dos grandes mestres das artes plásticas.

O abandono de funções racionais e, portanto, a atenção a "outros mundos", não elimina o processo atencional, apenas o foco da atenção é deslocado para outros objetos.

A mente não está vazia no começo do processo do raciocínio nem do processo criativo, pelo contrário está repleta de um repertório de imagens originadas de acordo com a experiência de vida do indivíduo, e que entram em sua consciência e saem dela. Existem sentimentos gerados a partir de emoções, as quais estão ligadas à aprendizagem e aos resultados passados e futuros previstos de determinados cenários.

Dessa forma, julgar possível essa dicotomia entre razão e emoção no processo criativo é extremamente arcaica. Em primeiro lugar, não é possível desvincular esse mecanismo na anatomia da constituição neural do indivíduo. Em segundo lugar, respostas emocionais são ligadas à experiência do indivíduo, a qual personaliza o processo de resposta para cada um. No entanto, essas respostas desempenham uma função de comunicação de significados e também podem ter papel para a orientação cognitiva na tomada de decisão.

No processo criativo, para obter uma seleção da resposta final, é preciso recorrer ao raciocínio, o que implica ter em mente um parâmetro constituído de informações como uma estratégia de guerra ou um plano de jogo escolhido entre os diversos que já utilizamos no passado, em outras ocasiões.

Mesmo quando se está mergulhado em seus devaneios criativos, não se está completamente alheio aos sinais de "perigo". Um sinal automático, nomeado por Damásio (2000) como marcador-somático, pode fazer que o indivíduo rejeite imediatamente o rumo da ação negativa, levando-o a escolher outras alternativas na criação. Esse sinal o protege de prejuízos futuros e permite que ele faça uma escolha entre um número menor de alternativas, dentro da análise de custo/benefício, e a capacidade dedutiva adequada entra em ação. As imagens correspondentes a uma infinidade de opções de ideias são ativadas e constantemente trazidas para o foco da atenção.

O processo de criação, portanto, só é possível se formos capazes de usar mecanismos de atenção que permitam a manutenção de uma imagem mental na consciência, com exclusão de outras.

Além disso, é necessária a existência de um mecanismo de memória que mantenha ativas diversas imagens separadas durante um período extenso. Essas funções são motivadas pelas preferências inerentes ao indivíduo e depois pelas preferências e pelos objetivos adquiridos com base nas exigências sociais.

Não se pode esquecer que todo esse mecanismo está supervisionado de forma impositiva por um sistema, além da observação neurofisiológica que abarca universalmente e transcende no tempo e no espaço as explicações mais racionais que é o fascinante inconsciente coletivo que supervisiona e impulsiona o processo criativo como guardião do mito universal da criação.

Parece que Tolstói utilizou em *Ana Karenina* essa fórmula para o profissional de criação: "Todas as famílias felizes são parecidas umas com as outras, cada família infeliz é infeliz à sua maneira".

Referências

BRANDÃO, M. L. *Bases psicofisiológicas do comportamento*. São Paulo: EPU, 1991.

CAMPBELL, J. *O poder do mito*. Trad. Carlos Felipe Noisé. São Paulo: Palas Athena, 1990.

DAMÁSIO, A. R. *O erro de Descartes*: emoção, razão e cérebro humano. São Paulo: Companhia das Letras, 1996.

DAMÁSIO, A. R. *O mistério da consciência*: do corpo e das emoções ao conhecimento de si. São Paulo: Companhia das Letras, 2000.

DAMÁSIO, A. R. *Em busca de Espinosa*: prazer e dor na ciência dos sentimentos. São Paulo: Companhia das Letras, 2004.

EDWARDS, B. *Desenhando com o lado direito do cérebro*. Trad. Roberto Raposo. São Paulo: Ediouro, 1984.

GADE, C. *Psicologia do consumidor*. São Paulo: EPU, 1980.

JUNG, C. G. *O homem e seus símbolos*. 6. ed. Rio de Janeiro: Nova Fronteira, 1964.

KARSAKLIAN, E. *Comportamento do consumidor*. São Paulo: Atlas. 2000.

KOLB, L.C. *Psiquiatria clínica*. 8. ed. Rio de Janeiro: Guanabara Koogan, 1977.

PAIM, I. *Curso de psicopatologia*. São Paulo: Grijalbo, 1975.

RANDAZZO, S. *A criação de mitos na publicidade*. Rio de Janeiro: Rocco, 1997.

ROSE, S. *O cérebro humano*. 2. ed. São Paulo: Alfa-Ômega, 1984.

SAMARA, B. S.; MORSCH, M. A. *Comportamento do consumidor*. São Paulo: Pearson, Prentice Hall, 2005.

SCHWARZ, L. R. *Os arquétipos parentais através do Rorschach-temático*. São Paulo: Vetor, 1999.

STERN, W. *Psicologia general*. Buenos Aires: Paidós, 1971.

TEMAS DE ARTE
(MODERNA E)
CONTEMPORÂNEA

Marcos Moraes

CAPÍTULO

ONZE

O SÉCULO XIX

O SÉCULO XXI

O SÉCULO XX: AS VANGUARDAS ARTÍSTICAS EUROPEIAS E O ENCERRAMENT DO LONGO SÉCULO XIX

ARTE CONTEMPORÂNEA BRASILEIRA

A ARTE E A **CRIAÇÃO VISUAL**: NOVOS MEIOS E NOVAS PERSPECTIVAS

Apresentação

Toda e qualquer tentativa de abarcar um mapeamento, uma identificação, conceituação e reflexão sobre a produção artística de um período tão marcado por transformações e revoluções, em todos os campos do conhecimento e da ação humana, como o que se descortina a partir de inícios do século XIX, poderá parecer leviana e até mesmo inconsequente, sem, com isso, pretender ser totalizadora e definitiva.

A quantidade de tendências, propostas, movimentos, manifestos, grupos, ações e artistas que atuam e produzem, a partir daquele momento, não nos permite enumerá-los, a menos que seja como uma forma de indicar essa diversidade e complexidade de propostas artísticas experimentadas e vivenciadas de forma mais radical a partir do início do século XX e até os nossos dias, já no século XXI.

Nesse sentido, as ideias, a seguir apresentadas, são propostas como uma possibilidade de localização e identificação das raízes de nosso presente, no passado próximo que deverá ser estudado, para uma melhor compreensão, entendimento e com o propósito de buscar explicações de um mundo em processo de transformação revolucionária. As informações pretendem instrumentar e dar orientação em torno dos códigos da produção artística, bem como embasar e auxiliar a compreensão de aspectos da produção artística, visando ao desenvolvimento da análise crítica da arte e de seu contexto histórico, para a compreensão das principais propostas e dos movimentos estéticos que integram o que denominamos de Arte Moderna e Contemporânea.

O século XIX

O século nasce ainda sob o signo da razão iluminista manifesta pelos valores do Neoclassicismo e traz, já em seu interior, o embrião de seu próprio questionamento: individualidade e subjetividade constituem-se em pedra fundamental para as manifestações românticas que se manifestaram ao longo de todo o século, atribuindo-lhe uma marca definitiva ao permitir que o artista – indivíduo – nos apresente seu mundo, sua percepção e visão deste, libertando-se pouco a pouco das rígidas e aprisionantes normas determinadas pelas academias, detentoras desse poder regulador, a partir do século XVI.

O contexto – de industrialização e modernização – ao longo do século propõe mudanças de parâmetros e, não apenas o inicial, do Neoclassicismo *versus* Romantismo, mas para indicar os reflexos desse desenfreado processo de desenvolvimento industrial, associado ao das cidades, nas principais propostas artísticas que apontam para o enfrentamento dessa nova realidade. A Irmandade dos Pré-rafaelitas, o Realismo e o Movimento Artes e Ofícios discutem e questionam essas transformações em um mundo que parece começar a romper definitivamente seus laços com o passado. Um mundo em que também o trabalho, a miséria, as multidões fazem parte desse novo aglomerado urbano que rompe seus muros e se expande de início na horizontalidade e, a seguir, no processo de verticalização; e assim vai surgindo a ideia de uma cidade desordenada que determinou suas necessidades de planejamento e a organização de uma nova forma de conhecimento para isso, o urbanismo.

No percurso do enfrentamento deste mundo real, o Impressionismo, como ápice do movimento realista, ao propor e afirmar a ideia da pintura como fruto exclusivo da percepção visual, e o Neo e Pós-impressionismo abrem caminhos para a passagem do século; olham para o novo mundo que se materializa em máquina, construção, ciência e tecnologia, para apontar os mais visíveis e óbvios sinais dessa modernidade, mas olham para tudo isso com um olhar novo que pretende superar o modelo de representação tradicional ainda vigente: mundo novo, forma nova, este é o lema.

No contraste dessas realidades – o desenvolvimento e, ao mesmo tempo, a presença do passado, a riqueza e pobreza, ciência e religião, tecnologia e misticismo – conforma-se a virada do século, marcada pelo espírito, ainda aqui contraditório do *fin-de-siécle* e da *belle époque*, e coroado pela Exposição Universal de 1900, na qual o *Art Nouveau* se consagra definitivamente como a linguagem ou, nas palavras do historiador G. C. Argan (1992), como o "fenômeno sociológico" do Modernismo.

O século **XX**:
as vanguardas artísticas europeias e o encerramento do longo século XIX

*O aspecto mais notável da situação artística do **início do século XX** (ou do período que se designa por "vanguarda histórica") reside na tendência dos seus protagonistas para se organizarem em movimentos e grupos homogêneos, ou seja, em formações ideológicas muito precisas, baseadas em teorias comuns acerca dos significados e dos objetivos da produção artística. É quase inútil recordar que esses projetos nascem do signo do maior mito da época, o que insiste na renovação radical, e por vezes subversiva, da existência e da psicologia humanas.* (Sprocati, 1999, p. 145)

> No decorrer do século, a produção artística que se inicia, e em meio a provocações e negações das vanguardas, as buscas por novas formas e uma renovação permanente das linguagens artísticas são a tônica e a motivação constante.

Nas duas primeiras décadas do século XX, inserido em um grande e complexo contexto de transformações sociais, políticas, econômicas e culturais, acompanhado por eventos nunca antes presenciados – como a Primeira Guerra Mundial e a Revolução Russa de 1917 –, o homem ocidental vê suas certezas ruírem. Um mundo de desenvolvimento tecnológico e científico sem precedentes, de permanentes contradições, de constantes angústias é o palco para surgimento das pesquisas artísticas que tentam ao mesmo tempo refletir, inspirar-se, questionar e transformá-lo.

Nasce, dessa conjunção espaço/tempo, o que denominamos vanguardas artísticas europeias, uma sucessão de propostas e experiências artísticas, tendo como características o desejo de trabalhar em torno de ideias comuns, reunindo artistas e elaborando manifestos, defendendo seus ideais, por intermédio de publicações que divulgam o pensamento e sua produção por toda a Europa, inicialmente, para a seguir espalhá-los por todo o Ocidente: Fovismo, Expressionismo alemão, Cubismo e Futurismo são as primeiras das propostas que se sucederão nessa busca.

As décadas seguintes são marcadas, no que se refere à produção artística, por tentativas de questionar o mundo – a irracionalidade Dada, o inconsciente Surrealista – ou, ainda, de (re)construir este mesmo mundo – as tendências construtivas identificadas com projetos como o De Stijl, Construtivismo russo e Bauhaus –, bem como a percepção das possibilidades de experiências com a linguagem abstrata.

Marcado, em seu início, pelo conflito mundial, duas décadas após inicia-se outro, de dimensões ainda maiores, e que, após tomar o território europeu, se alastra por todas as regiões do mundo; foi assim que uma Europa dominada pelo temor de uma nova guerra viveu a década de 1930. Nesse cenário, as condições de vida tornam-se insuportáveis, levando aqueles que detêm condições a se deslocar para outras regiões do mundo, em particular para a América. Teremos como consequência direta desse processo o primeiro deslocamento do centro de produção artística da Europa – Paris, Roma, Florença – para os Estados Unidos. A cidade de Nova York torna-se esse novo ponto referencial, a partir de 1940, e é lá que a linguagem abstrata se desenvolverá de forma autônoma, projetando-se como possibilidade para um mundo que mergulha, mais ainda, na descrença produzida no homem, pela Segunda Guerra Mundial, e que permanece nos anos que se sucedem. O Expressionismo abstrato norte-americano, assim como o Informalismo, surge como alternativa ou como possibilidade de reabilitação do homem e do mundo.

Na década de 1950, na qual essas experiências abstratas se afirmam e se consolidam, surgem reações a essa hegemonia na retomada da figura, incorporando a cultura de massa, ou na *Pop Art* que se insere nesse sentido na contemporaneidade; ou nas propostas de questionamento das linguagens e seus limites, com a inserção de objetos reais, em suas imagens como o Neo Dada e *Combine*; ou ainda de novas aproximações com a realidade como no *Nouveau Realisme*. Nessas últimas manifestações, um ponto comum – o desejo e encorajamento da participação do público nos trabalhos – alia-se a uma série de novas formas de ação do artista, que constituem o início de eventos denominados *happening* e performance.

Instauram-se, nesse sentido, novas condições de elaboração e desenvolvimento da arte, com um destacado acento nos processos de criação, e, assim, a ideia, o conceito e o projeto surgem, definitivamente, como motores visíveis dessa ação do artista. As propostas apontadas anteriormente apontam para uma intersecção entre a arte e a vida que será ao mesmo tempo marco definidor de uma nova perspectiva da produção – e sem precedentes na história da arte –, bem como a marca dessa forma de manifestação, desde os anos 1960. A arte conceitual afirma-se como experiência de reconhecimento daquilo que antecede a execução ou a presença material e física da criação artística, e afirma, assim, as ideias e os conceitos como obra de arte.

*A **ampliação das perspectivas**, a inconformidade com as definições e a constante afirmação de sua contemporaneidade redefinem o modelo pensado de arte, abrindo-se em possibilidades e lançando-se na vertigem do mundo em que se produz e atua.*

Distanciando-se dos questionamentos modernistas, iniciados com a ruptura impressionista, a arte insere-se na vida e declara-se irremediavelmente comprometida com ela.

O século XXI

A cultura urbana atual encontra-se, certamente, empenhada em ações e pensamentos artísticos contemporâneos, sendo a própria arquitetura, historicamente, ao mesmo tempo suporte e mensagem visual de extração artística. Parece possível, também, compreender como os espaços públicos, contemporaneamente, se convertem em lugares de trocas e reconhecimento, nos quais os artistas, com seus trabalhos/ intervenções recuperam a complexidade e a diversidade, o significado e o valor.

A diversidade é uma característica, bem como algo esperado e natural nas investigações e na produção desenvolvida contemporaneamente. Esta se insere no campo da vivência do fazer artístico pensado como forma de relação com o outro e com o espaço urbano, a cidade.

O meio urbano, os sistemas sígnicos visuais, a arte contemporânea e a experiência de viver a arte, além da perda das fronteiras e do esgarçamento dos limites e dos contornos, são a tônica da produção e da prática artísticas contemporâneas. As linguagens tradicionais do desenho, da pintura, da gravura, da colagem e da fotografia, para ficarmos apenas nas mais evidentes, são os meios escolhidos para essas manifestações, mas não é possível deixar de ressaltar o uso de outros meios, como as experimentações possibilitadas pela tecnologia digital, universo que parece querer alargar-se, ainda mais, mesmo que nas propostas que enveredam por esta seara seja inegável a origem na tradição.

*Qualquer discussão sobre **projetos contemporâneos** em arte deve considerar, ainda, pontos como a arte participativa, os coletivos de arte, as grandes mostras internacionais e a residência artística, entre outros fatores marcantes.*

Na atualidade, uma das formas mais efetivas de apoio e incentivo ao desenvolvimento da produção artística – a Residência Artística – vem se consolidando em todas as partes do mundo – Europa, Ásia, África e Américas –, incluindo-se aqui o Brasil. Podemos, assim, encontrar esses refúgios e espaços de convivência e trabalho nos mais distintos lugares de interesse cultural do mundo. Desde meados dos anos 1990, seu papel vem aumentando e ganhando destaque como alternativa aos processos de especialização, aperfeiçoamento, trocas com as comunidades locais, sejam elas inseridas no âmbito universitário ou no tecido urbano-social.

Arte contemporânea brasileira

Ainda que possa parecer uma constatação óbvia, é preciso insistir que a ideia de Brasil pressupõe muitos Brasis. O da vastidão do território, um espaço quase continental com diferenças culturais, regionais, climáticas, mas também semelhanças como a língua, ou ainda seria possível falar dessas diferenças levando-se em consideração os meios de comunicação de massa? O rádio, o cinema, a TV e mais recentemente a internet e o mundo virtual não estariam alterando esse panorama? Ou será que deveríamos pensar na existência atual de espaços isolados, como verdadeiros "oásis" em que determinado tipo de manifestação/produção cultural é encontrado? Não me parece uma questão para uma resposta de caráter simplista, neste espaço, mas que deve ser apontada como possibilidade de discussão para um enfrentamento e compreensão da dimensão de nossa produção.

__Primeiro foi o futurismo__, e hoje o senso comum identifica 'moderno' como sinônimo do que há de mais novo, o mais atual ou mais contemporâneo. Mas, no que se refere à arte, moderno é uma coisa, e contemporâneo, outra. Moderno é o nome de um movimento com características particulares que nasceu na Europa, com variados desdobramentos por quase todos os países do Ocidente, e que entrou em crise a partir da década de 1950. A partir daí, foi sendo substituído por um conjunto de manifestações que, cada qual dotada de peculiaridades, foram, na falta de um nome melhor, reunidas sob a etiqueta simples e genérica de arte contemporânea. (Farias, 2002, p. 19)

A questão do modelo e sobre a importação deste, desde o início da produção nacional, bem como do processo de reflexão sobre ela, ainda se faz presente e permanece atual. A sujeição de poéticas ao influxo das correntes internacionais seria uma consequência da inexistência de um mercado forte e estruturado que pudesse absorver e consolidar a produção de artistas que exploram os valores em busca de uma identidade, ou como forma de questionar a ideia de nacionalidade; dentre eles, podemos destacar Cildo Meirelles, Waltércio Caldas, Regina Silveira, Jac Leirner, Iran do Espírito Santo, Beatriz Milhazes, Ernesto Neto, Adriana Varejão, Chelpa Ferro, Rosangela Rennó, Mônica Nador e Rivanne Neuschwander, para ficarmos em apenas algumas poucas referências de imediata identificação.

A arte e a criação visual: novos meios e novas perspectivas

A cidade contemporânea é o palco das diferenças, e, como espaço privilegiado da arte, o lugar em que os ícones e a paisagem se confundem, e assim a informação passa a ser a cor, a forma, as texturas.

As grandes cidades são como símbolos e sínteses: em qualquer lugar, em qualquer circunstância, representam imageticamente símbolos e signos que, em síntese, são atributos do meio urbano.

Nesse contexto, é inegável a presença avassaladora de imagens representadas pelos símbolos e signos, em aparente desorganização, gerando enorme impacto e consequentemente poluição visual, pois aqueles devem ser apreendidos de maneira muito rápida, o sequencial cede ao simultâneo e ao instantâneo, o meio é a mensagem, forma e função são unidades. Por sua vez, a cultura urbana atual encontra-se certamente comprometida com as ações, os pensamentos e as reflexões artísticos contemporâneos, sendo a própria arquitetura ao mesmo tempo suporte e mensagem visual de extração artística; para um estudo sobre os processos de criação visual, é fundamental discutir as relações entre a comunicação visual e as artes contemporâneas como manifestações ligadas ao espaço sociocultural das grandes cidades.

As linguagens desenvolvidas em meio ao processo cada vez mais acelerado das inovações tecnológicas e os discursos decorrentes dessas experiências e produções estão em toda parte, com variações, complexidade e em todas as manifestações.

Somos instados a repensar nossas relações com essa infinidade de produtos, e o mundo da arte, ou das práticas artísticas contemporâneas, enfrenta o desafio cotidiano dessas novas tecnologias que extrapolam os seus limites, para interferir diretamente no tecido social.

Essa produção contemporânea, que extrapola o universo da área da comunicação, utiliza, é realizada ou ainda questiona os suportes, as técnicas e ferramentas digitais, gerando um universo de imagens oriundas da combinação com uma diversificada gama de possibilidades de manifestações artísticas. Instalações, ambientes, intervenções urbanas, espetáculos de teatro e musicais, performances constituem um universo infindável de experimentação.

Para uma realidade em que a imagem e o som digital se generalizam de forma tão rápida e contundente, novos parâmetros e uma nova estética digital tornam-se absolutamente necessários; dessa forma, parece imprescindível discutir as possibilidades da estética e dos novos meios. Da mesma forma, os profissionais, os criadores, desses novos tempos demandam uma formação e uma especialização que possibilitem essas novas experimentações.

O profissional da área de criação insere-se no rol daqueles que, desde sempre, questionados sobre sua produção e consequentemente sua função social, permanecem atuantes e inseridos nas discussões contemporâneas, por intermédio do desenvolvimento de suas práticas artísticas. Uma nova concepção de mundo e de vida determina a formação de um profissional que atue de forma cada vez mais abrangente dentro do sistema artístico, e, nesse sentido, seu campo de ação – o mundo contemporâneo –, ao ampliar-se, permite pensar em um profissional atuante, mas fundamentalmente com possibilidades de abordagem multidisciplinar e crítica, permitindo antever a projeção de um novo relacionamento entre este, a arte e o mundo. O profissional, portanto, com seus questionamentos, seus problemas e dilemas, e a visão de um futuro que se descortina por meio das redes de comunicação e da realidade virtual, afigura-se como um dos mais significativos intermediadores da essencial relação para o homem, qual seja a da vida e arte; dessa forma, mais do que nunca, hoje as perspectivas profissionais se expandem, assim como os novos sistemas que organizam o mundo.

Dessa forma, também é inevitável o reconhecimento da importância em abrir espaços para a discussão sobre as mudanças nos modos de produção e reflexão artística, bem como sua relação com o meio. Toda a discussão, e também a reflexão, sobre a produção artística pode, assim, ampliar as perspectivas de formação do profissional na área de criação e é, sem dúvida, uma necessidade de diferencial em sua formação e especialização profissionais.

Referências

ARGAN, G. C. *Arte moderna*: do Iluminismo aos movimentos modernos. São Paulo: Companhia das Letras, 1992.

ATKINS, R. *ArtSpeak:* a guide to contemporary ideas, movements and buzzwords. Nova York: Abbeville Press, 1990.

ATKINS, R. *ArtSpoke:* A guide to modern ideas, movements and buzzwords, 1848-1944. Nova York: Abbeville Press, 1993.

COSTA, C. T. da. *Arte no Brasil 1950-2000*: Movimentos e meios. São Paulo: Alameda, 2004.

DE MICHELI, M. *As vanguardas artísticas do século XX*. São Paulo: Martins Fontes, 1991.

DEMPSEY, A. *Estilos, escolas e movimentos*. São Paulo: Cosac & Naif, 2005.

FARIAS, A. *Arte brasileira hoje*. São Paulo: Publifolha, 2002.

LUCIE-SMITH, E. *ArtToday*. Londres: Phaidon, 1995.

LUCIE-SMITH, E. *Os movimentos artísticos a partir de 1945*. São Paulo: Martins Fontes, 2006.

STANGOS, N. (Org.) *Conceitos da arte moderna*. Rio de Janeiro: Zahar, 1991.

ZANINI, W. (Org.) *História geral da arte no Brasil*. São Paulo: Instituto Moreira Salles, 1983. v. 2

Leitura básica recomendada

AGRA, L. *História da Arte do século XX:* Idéias e movimentos. São Paulo: Anhembi Morumbi, 2004. Coleção Moda e Comunicação.

ANJOS, M. dos. *Local/Global:* Arte em trânsito. Rio de Janeiro: Jorge Zahar, 2005. Coleção Arte +.

ARGAN, G. C. *Arte moderna*: Do Iluminismo aos movimentos modernos. São Paulo: Companhia das Letras, 1992.

BASBAUM, R. (Org.) *Arte contemporânea brasileira*: Texturas, dicções, ficções, estratégias. Rio de Janeiro: Rios Ambiciosos, 2001. Coleção N-Imagem.

BEIGUELMAN, G. *Link-se*. Arte/mídia/política/cibercultura. São Paulo: Peirópolis, 2005.

BRADBURY, M.; MCFARLANE, J. *Modernismo*: Guia geral 1890-1930. São Paulo, Companhia das Letras, 1989.

CAUQUELIN, A. *Arte contemporânea*: Uma introdução. São Paulo Martins Fontes, 2005.

CANONGIA, L. *O legado dos anos 60 e 70*. Rio de Janeiro: Jorge Zahar, 2005. Coleção Arte +.

COSTA, C. T. da. *Arte no Brasil 1950-2000*: Movimentos e meios. São Paulo: Alameda, 2004.

DE MICHELI, M. *As vanguardas artísticas do século XX*. São Paulo: Martins Fontes, 1991.

DEMPSEY, A. *Estilos, escolas e movimentos*. São Paulo: Cosac & Naif. 2005.

FARIAS, A. *Arte brasileira hoje*. São Paulo: Publifolha, 2002.

FREIRE, C. *Arte conceitual*. Rio de Janeiro: Jorge Zahar, 2006. Coleção Arte +.

HOBSBAWN, E. *A era dos extremos*. São Paulo: Companhia das Letras, 1996.

LAGNADO, L.; PEDROSA, A. *27ª Bienal de São Paulo*: Como viver junto. São Paulo: Fundação Bienal, 2006.

LUCIE-SMITH, E. *ArtToday*. Londres: Phaidon, 1995.

LUCIE-SMITH, E. *Os movimentos artísticos a partir de 1945*. São Paulo: Martins Fontes, 2006.

MACHADO, A. *Arte e mídia*. Rio de Janeiro: Jorge Zahar, 2007. Coleção Arte +.

MELIM, R. *Performance nas artes visuais*. Rio de Janeiro: Jorge Zahar, 2008. Coleção Arte +.

PIZZOTTI, R. *Enciclopédia básica da mídia eletrônica*. São Paulo: Senac, 2003.

REIS, P. *Arte de vanguarda no Brasil*. Rio de Janeiro: Jorge Zahar, 2006. Coleção Arte +.

RICKEY, G. *Construtivismo*: Origens e evolução. São Paulo: Cosac & Naif, 2002.

SANTOS, L. G. dos. *Politizar as novas tecnologias*: O impacto sociotécnico da informação digital e genética. São Paulo: 34, 2003.

STANGOS, N. (Org.) *Conceitos da arte moderna*. Rio de Janeiro: Zahar, 1991.

TASSINARI, A. *O espaço moderno*. São Paulo: Cosac & Naif, 2001.

ZANINI, W. (Org.) *História geral da arte no Brasil*. São Paulo: Instituto Walther Moreira Salles, 1983. 2 v.

ANEXO

Anexo

Identificação de movimentos e propostas artísticas a partir do final do século XVIII.

Movimento, tendência, grupo ou escola	Principal período de atuação ou desenvolvimento	Foco e/ou principal área de atuação
Neoclassicismo	1760-1830	Itália, França
Romantismo	1770-1840	Internacional
Escola de Barbizon	1840-1849	França
Iluminismo	1845-1880	EUA
Realismo	1845-1880	França
Irmandade dos Pré-rafaelitas	1848-1854	Inglaterra
Macchiaioli	1850-1870	Itália
Artes e Ofícios (*Arts & Crafts*)	1859-1900	A partir da Inglaterra
Impressionismo	1870-1890	A partir da França
Escola de Glasgow	1870-1900	Escócia
Os Viajantes	1870-1923	Rússia
Pós-impressionismo	1880-1893	França
Neo-impressionismo	1880-1900	França
Tonalismo	1880-1910	EUA
Art Nouveau	1880-1914	Internacional
Os Vinte (*Les Vingts*)	1883-1893	Bélgica
Pictorialismo	1886-1914	
Naturalirismo	1889-1905	
Nabis	1890-1899	França
Simbolismo	1890-1899	
Associação Mundo da Arte	1898-1906	Rússia
Os Oito (*The Eight*)	1900-1910	
Fovismo	1903-1908	França
A Ponte (*Die Brücke*)	1905-1913	Alemanha
Grupo de Bloomsbury	1906-1918	Inglaterra
OSMA	1907-1914	Checoslováquia
Neoprimitivismo	1908-1912	Rússia
Cubismo	1908-1914(18)	França (Paris)
Futurismo	1909-1929	Itália
Grupo de Puteaux	1910-1914	França
O Cavaleiro Azul (*Der Blaue Reiter*)	1911-1914	Alemanha
Orfismo	1911-1914	França

Raionismo	1912-1914	Rússia
Cubo-futurismo	1913-1914	Rússia
Scuola Metafísica	1913-1919	Itália
Construtivismo	1913-1929	Rússia
Vorticismo	1914-1915	Inglaterra
Dada	1915-1923	Suíça
Suprematismo	1915-1923	Rússia
De Stijl	1917-1931	Holanda
Purismo	1918-1925	França
Precisionismo	1918-1930	EUA
Art Déco	1918-1939	França
Bauhaus	1919-193	Alemanha
Nova Objetividade	1920-1932	Alemanha
Muralismo mexicano	1920-1940	México
Surrealismo	1924-1945	França
Neo-romantismo	1926-1941	Inglaterra
Pintura da cena americana	1930-1939	EUA
Arte concreta	1930-1959	Europa ocidental
Abstração-criação	1931-1936	França
Grupo F/64	1932-1935	EUA
Expressionismo Abstrato	1946-1959	EUA
CoBrA	1948-1951	Dinamarca, Bélgica e Holanda
Concretismo e Neoconcretismo	Década de 1950	Brasil
Assemblage	A partir da década de 1950	Internacional
Arte Informal	1950-1960	França
Pintura *Color field*	1951-1970	EUA
Neodada	1952-1966	EUA
Concretismo	Anos 1950/1960	Brasil
Situacionismo	1957-1972	Europa ocidental
Nouveau Realisme	Final dos anos 1950/meados da década de 1960	França
Pop art	Final dos anos 1950/meados da década de 1960	Inglaterra e EUA
Pintura *Hard-edge*	Final dos anos 1950/meados da década de 1960	EUA
Ação/*Actionism*	Final dos anos 1950/meados da década de 1970	Europa
Neoconcretismo	1959-1963	Brasil
Fluxus	Década de 1960	Internacional
Shaped canvas	A partir de 1960	EUA e Europa

Minimalismo	Anos 1960 e 1970	EUA
Happening	Anos 1960	Início em Nova York
Op Arte	Meados dos anos 1960	Europa e EUA
Arte e tecnologia	Meados dos anos 1960/meados da década de 1970	Europa e EUA
Fotorrealismo	Meados dos anos 1960/meados da década de 1970	EUA
Arte *Povera*	Meados dos anos 1960/década de 1970	Itália
Arte Conceitual	Meados dos anos 1960/década de 1970	Internacional
Earth art/Land art	Meados dos anos 1960/década de 1970	Europa e EUA
Novo Realismo	Anos 1960 e 1970	EUA
Videoarte	A partir de meados dos anos 1960	Internacional
Hiper-realismo	Final dos anos 1960 e anos 1970	EUA
Livro de artista	Final dos anos 1960 e anos 1970	Internacional
Body art	Final dos anos 1960 e anos 1970	Europa e EUA
Light and space art	Final dos anos 1960 e anos 1970	EUA
Estética *fashion*	A partir do final dos anos 1960	Europa e EUA
Arte feminista	A partir do final dos anos 1960	Inglaterra e EUA
Performance	A partir do final dos anos 1960	Internacional
Arte pública	A partir do final dos anos 1960	EUA
High-tech art	A partir dos anos 1970	EUA
Instalação	A partir dos anos 1970	EUA e Europa
Craft as art	Anos 1970	No início, nos EUA
New image	Meados de 1970 e 1980	EUA
Padrão e decoração (*Pattern*)	Meados de 1970 e 1980	EUA
Fotografia manipulada	A partir de 1970	Europa e EUA
Grafite	Meados de 1970/meados da década de 1980	EUA
Neo-expressionismo	Final dos anos 1970/meados da década de 1980	Internacional
Transvanguarda	Final dos anos 1970/meados da década de 1980	Itália
Bad painting	Final dos anos 1970	EUA
Sound art	Final dos anos 1970	Internacional
Apropriação	Anos 1980	EUA e Europa
Geração 80	Década de 1980	Brasil
Neo-*geo*	Meados de 1980	EUA
Neo-*pop*	Final dos anos 1980	EUA
Web art/Internet art	A partir da década de 1990	Internacional

SOBRE OS **AUTORES**

André Costa é cineasta, mestre em Arquitetura e Urbanismo pela Facudade de Arquitetura e Urbanismo da Universidade de São Paulo, professor de Cinema e de Televisão e da Pós-Graduação em Criação Visual e Multimídia da Universidade São Judas Tadeu. Educador e pesquisador em linguagens audiovisuais.

Cecilia Almeida Salles é professora titular do Programa de Pós-Graduação em Comunicação e Semiótica da Pontifícia Universidade Católica de São Paulo. Coordenadora do Centro de Estudos de Crítica Genética e autora do livro *Gesto inacabado: Processo de criação artística* (São Paulo: Annablume, 1998), *Crítica Genética: Uma (nova) introdução* (São Paulo: Educ, 2000), *Redes da Criação: Construção da obra de arte* (Valinhos: Horizonte, 2006) e do CD-ROM *Gesto Inacabado: Processo de criação artística* (Lei de Incentivo a Cultura do Estado de São Paulo, 2000).

Filipe Salles é fotógrafo e cineasta, formado em Cinema pela Fundação Armando Álvares Penteado e mestre em Comunicação e Semiótica pela Pontifícia Universidade Católica de São Paulo, professor de fotografia em diversas instituições de ensino e, atualmente, coordenador dos cursos de Fotografia e Cinema e Audiovisual do Centro Universitário Nossa Senhora do Patrocínio. É também editor e co-criador do site www.mnemocine.com.br, e nas horas vagas é músico.

João Vicente Cegato Bertomeu ilustrador, graduado em Comunicação Social pela Universidade Metodista de São Paulo, especialista em Administração de Marketing pela Universidade São Judas Tadeu, é mestre e doutor em Comunicação e Semiótica em Processos de Criação pela Pontifícia Universidade Católica de São Paulo, professor no MBA Executivo em Processos Criativos da Escola Superior de Propaganda e Marketing, diretor de criação na Mercado de Idéias, e coordenador dos cursos *lato sensu* na Universidade São Judas Tadeu: Comunicação Empresarial, Criação Visual e Multimídia, Criação na Comunicação e Cinema, Animação, Design e Movimento. É coordenador do curso de graduação em Comunicação Social na Faculdade Editora Nacional, e autor dos livros *Criação na propaganda impressa* e *Criação na redação publicitária*.

Marcos Moraes Doutorando pela Faculdade de Arquitetura e Urbanismo da Universidade de São Paulo (FAU-USP), é formado em Direito e Artes Cênicas pela mesma universidade, e possui especialização em Arte e Educação, Museologia e Administração da Cultura. Curador independente e professor de história da arte no curso de Artes Plásticas das Faculdades São Marcos e do curso de Criação Visual e Multimídia da Universidade São Judas Tadeu. Coordenador do curso de Artes plásticas e de Produção Cultural nos quais leciona, além do Programa de Residência Artística da Fundação Armando Álvares Penteado; coordena, na mesma Instituição, a seleção e acompanhamento de artistas do projeto de residência artística, na Cité des Arts, e o intercâmbio com a Ecole de Beaux Arts, ambas em Paris; coordenando, ainda, os projetos das mostras anuais e semestrais dos formandos em artes, da Fundação.

Marina Alves é psicóloga e professora de Comportamento do Consumidor nos cursos de Publicidade e Propaganda da Faculdade da Editora Nacional, mestre em Neuropsicologia pela Universidade Metodista de São Paulo. Leciona ainda disciplinas relacionadas ao Comportamento Organizacional nos cursos de Administração de Empresas, Turismo e Ciências Contábeis na Faenac-Anhanguera. É responsável pela avaliação e seleção de funcionários da Petroquímica União.

Paulo Cezar Barbosa Mello é graduado em Comunicação Social, Publicidade e Propaganda pela Fundação Casper Líbero, especializado em Design de Hipermídia pela Universidade Anhembi-Morumbi e mestre em Estética e História da Arte pela Universidade de São Paulo. Atua como professor convidado da Universidade São Judas Tadeu e como professor na Universidade Presbiteriana Mackenzie. É diretor de criação/designer e sócio proprietário do PMStudium Comunicação e Design Ltda. Atuou recentemente com o Grupo Total como diretor de criação na agência de tecnologia digital BG Interativa. Tem experiência na área de desenho industrial, com ênfase em design e estilo, atuando principalmente nos seguintes temas: design, arte, estética, hipermídia e novas tecnologias.

Patrícia Fonseca Mestre em Fashion Design/Textiles for Fashion pela Central St. Martin's School of Art and Design, Londres. Professora dos cursos de Design de Moda e Design de Interiores do Centro Universitário Belas Artes de São Paulo; dos cursos de Design e de Moda da Fundação Armando Álvares Penteado. Na mesma instituição, é coordenadora do curso de pós-graduação em Direção de Criação em Moda.

Rita Maria Lino Tarcia é pedagoga por formação, especialista em ensino superior, doutora e mestre em Semiótica e Linguística Geral pela Universidade de São Paulo. Professora Adjunta do departamento de informática em saúde; pesquisadora do laboratório de educação a distância e membro do Núcleo da Universidade Aberta do Brasil (UAB) da Universidade Federal de São Paulo. Atua como docente em cursos de graduação e pós-graduação, como palestrante consultora na área de educação corporativa e e-learning.

Rose Moraes Pan é mestre em Ciências da Comunicação pela Escola de Comunicação e Arte da Universidade de São Paulo, professora dos cursos de Cinema e Publicidade e da pós-graduação em Criação Visual e Multimídia da Universidade São Judas Tadeu, documentarista do vídeo FAU, da Universidade de São Paulo.

Selma Felerico é doutoranda e mestre em Comunicação e Semiótica pela Pontifícia Universidade Católica de São Paulo, coordenadora e professora de Comunicação nos cursos de pós-graduação e MBA na Escola Superior de Propaganda e Marketing e professora de Comunicação na Fundação Armando Álvares Penteado.

Virgínia Pereira Cegato Bertomeu é publicitária e designer, formada pela Univerdade Paulista e Fundação Armando Álvares Penteado respectivamente, é mestre em Comunicação e Semiótica pela Pontifícia Universidade Católica de São Paulo. Leciona em diversas universidades em São Paulo. É diretora de arte, ilustradora e atua no mercado publicitário, design visual e design de comunicação.